ドラガイ
田崎健太
Kenta Tazaki
KANZEN

【参考文献】

石井琢朗『疾走！ 琢朗主義』ベースボール・マガジン社
石井琢朗『心の伸びしろ 意識を変えれば自分が変わる』KKベストセラーズ
亀山努、中込伸、新庄剛志『タイガース中毒読本』ワニブックス
江夏豊『左腕の誇り 江夏豊自伝』新潮社
江夏豊、松永多佳倫『善と悪 江夏豊ラストメッセージ』KADOKAWA／メディアファクトリー
大野豊『全力投球』宝島社文庫
大野豊 達川光男『熱烈！ カープ魂』ベースボール・マガジン社
団野村『説得する力』日本文芸社
ロバート・ホワイティング『日出づる国の「奴隷野球」―憎まれた代理人・団野村の闘い』文藝春秋
秋尾沙戸子『ワシントンハイツ―GHQが東京に刻んだ戦後』新潮社
坂井保之、永谷脩『西武と巨人のドラフト10年戦争』宝島社
児玉博『堤清二 罪と業 最後の「告白」』文藝春秋
全日本軟式野球連盟50年史編集委員会 編『財団法人全日本軟式野球連盟50年史』全日本軟式野球連盟
マイケル・ルイス『マネーボール』武田ランダムハウスジャパン

CASE 1

石井琢朗

88年ドラフト外
横浜大洋ホエールズ

一

ひどく冷え込む秋の日だった、と石井琢朗は記憶している。横浜大洋ホエールズのスカウト、江尻亮が実家を訪ねて来た日のことだ。

高校三年生の夏、栃木県大会でエース石井を擁する足利工業高校は、準々決勝で宇都宮学園（現・文星芸大附属）にコールド負けを喫していた。小学生のとき、石井は〈ジャイアンツにドラフト一位で入りたい〉という夢を書いていた。高校二年生の夏には甲子園に出場。夢に手が届きそうだと思ったこともあった。しかし、肝心な高校生最後の大会でコールド負けしたような投手をドラフト指名するプロ野球球団はないだろう。そこで東洋大学野球部のセレクションを受け、すでに内定を貰っていた。四年後にプロ野球球団から指名される選手になろうと目標を切り替えていた。

江尻が連絡を取ってきたのはそんな時だった。この日、両親と共に江尻の話を聞くことになったのだ。

石井はこう振り返る。

「江尻さんから、ドラフトには掛からない、けれどもドラフト外で獲りたいと言われました」

なんか、ドラフト外っていう言葉は好きじゃなかったですね、と当時を思い出したのか、遠くを見るような目をした。

「ドラフト外って、外れ、みたいな感じがあるじゃないですか。当時のドラフトは六位まで。何らかの数字があったほうが良かった。正直、嫌だなと思いました。ただ、小さな頃からプロ野球選手になることを夢見て野球をやってきた。プロという道に進まずに大学に行けば四年間で大きな怪我をして野球が出来なくなる可能性もある。そのときに自分は後悔しないだろうか。この誘いを断って大学に行く意味があるんだろうかって」

頭の中で色んな考えが浮かび、そして消えた。答えは一つしかなかった。

「ぼくはその場で宜しくお願いしますと返事をしました。親父はぼくの気持ちを尊重すると言ってくれた。しかし、母親は、大学が決まってほっとしていたのに、それを断って未知の世界に行くことはないと大反対でした」

その場の雰囲気が険悪になったため、江尻は「自分は席を外すので、ご家族で話してください」と腰を浮かせた。

新人選手選択会議——通称ドラフト会議が始まったのは一九六五年のことだ。指名人数は、年度により、一球団四人、あるいは六人と制限が設けられていた。そして、ドラフト会議で指名されなかった選手については「ドラフト外」での入団が認められていた。九〇年の制度改定までに計六六三人がドラフト外でプロ野球選手となっている。
石井はその中の一人である——。

二

石井琢朗——本名・石井忠徳は一九七〇年八月二五日に栃木県佐野市で生まれた。姉が一人いる。両親共に働いていたため、祖父が面倒を見てくれたという。

「家から一〇分ぐらいのところにあるゴルフ場でキャディマスターをしていたんです。パターの練習場で遊ばせてもらったり、仕事が休みの日にはキャッチボールしてもらったり」

本格的に野球を始めたのは小学三年生のときだった。石井の父、菊次郎が監督を務める『犬伏学童野球クラブ』に入った。

「(仕事が休みの)土日はいつも練習や試合でいませんでした。ぼくも小学校に上がったぐらいから、父親について行くみたいな」

四年生になった頃、遊撃手として試合に出場、六年生からは投手を任されるようになった。

佐野市のほとんどの小学校に学童野球クラブがあり、新人戦、春と夏の大会を行っていた。市内でベスト四に勝ち進んだチームが栃木県大会へ。そして県大会で優勝すると全国大会、準優勝チームが茨城県、栃木県、群馬県、埼玉県の北関東大会への出場権を得る。石井が六年生のとき、犬伏学童野球クラブは県大会に進み準優勝。北関東大会で優勝している。

石井は自著『疾走！　琢朗主義』で当時をこう書いている。

〈親父が暇なときは、家でもとにかく練習をしていた記憶しかない。親父オリジナルの名物練習は、数多くあった。まるで「巨人の星」の世界だ。

親父が自分の勤めている工場にある余った鉄で作ってくれたバーベルを持ち上げ、腰に巻いたチューブを親父が引っ張った状態で、走る。ティーバッティングのネットも家の庭にあり、親父がいないときは、おふくろが上げてくれることもあった。これぞ、家族の協力。狭い庭だったけど、近所迷惑だろうというくらい、夜でも照明をつけてのティーバッティングが続いた〉

石井によると、早くから近隣地区の同学年の選手を強く意識していたという。

「安足地区には、いい選手が固まっていた。その中の一人、小学生のときからライバル関係だったのが戸羽です」

安足地区とは佐野市と足利市を指す。石井が名前を挙げた戸羽隆は、佐野日大高校から八八年のドラフトでオリックス・ブレーブスから五位指名されている。

「みんな顔見知りなんで、中学校のときに一緒に足工に行こうっていう話をしたこともありました。ただ、足工っていうのは公立（高校）なんです。それで（私立学校の）佐野日大、葛生（現・青藍泰斗）などに分散しちゃったんです。あの代が一つの高校に集まっていたら、毎年甲子園に行けたでしょうね」

石井は佐野市立北中学校から足利工業に入学した。最初の夏、いきなり県大会前に背番号一を渡された。足利工の監督、齋藤庄作の就任以来、一年生に主戦投手を任せるのは初めてのことだったという。それだけ石井の才能を買っていたのだ。

石井は期待に応えて、初戦の粟野（現・鹿沼南）を六対〇、続く那須工業（現・那須清峰）を七対〇、那須農業（現・那須）を一五対〇で下している。那須工業と那須農業戦はいずれもコールド勝ちである。

〈那須農―足利工。足利工の石井投手は、この日五回を投げて奪8三振。2回戦対那須工で9三振と、これまで計28三振を取り、快調だ。またこれまで二十二回を投げて1点も得点を許していない。

「今日は立ち上がりからカーブのきれがよく、球も低目低目と決まりました」と試合後、記録のことは余り気にしていないかのように淡々と話していた〉（『朝日新聞　栃木版』一九八六年七月

二二日付）

準々決勝では足利学園（現・白鴎大学足利）と対戦し、三対一で勝利した。最終回に本塁打を打たれ、石井の無失点記録は三〇イニングで途切れている。

準決勝の大田原戦は不運が続いた。被安打一〇のうち半数が内野安打。送りバントが安打となったのだ。試合は一対六で敗れた。しかし、石井の潜在能力を十分に示した大会でもあった。

翌夏、石井はその力を発揮することになる。

投手兼四番打者の石井が牽引する足利工は順当に勝ち上がり、準決勝で作新学院と対戦した。石井はここまで、三〇イニング三分の一を投げ、二三奪三振。

一方、作新学院の主戦投手も三一回を投げ、二六奪三振という好成績を残していた。石井より一学年上のこの投手は落合英二といった。日本大学を経て、九一年のドラフト会議で中日ドラゴンズから一位指名される右腕投手である。

試合は作新学院が二点を先取、足利工が追いつき、延長戦に入った。

翌日の『朝日新聞　栃木版』を引用する。

〈今大会五回目の延長戦にもつれ込んだのは、作新学院・落合、足利工・石井の両主戦投手が好投を続けたから。そこで、投手のちょっとした調子の差が勝敗を分けることにもなった。

十回裏二死二塁、足利工の打者は、八回に同点の本塁を踏んだ勅使河原。「気楽に行けよ」。斎藤監督から声が飛ぶ。

勅使河原はファウルボール4球で粘った末、2―2からの8球目。「ど真ん中の直球だ。きたっ」。思い切り振った。右前に抜けた。二塁走者が猛然と本塁に突っ込む。ボールは中継の一塁手の手の中。「セーフ」。球場を揺るがす大歓声がわいた。サヨナラだ。

「疲れ切ってしまって、真ん中にしか投げられなかった」。打たれた落合の唇が震えている。無理もない。落合は準々決勝の対佐野日大戦で腰を痛め、この日は痛み止めの注射をしていた。中盤までは安定した投球をみせたが、後半になると明らかにストライクと分かる球が多くなった。大塚監督は「よく投げましたよ。あれ以上は要求できません」〉（一九八七年七月二七日付）

決勝の相手は、好投手高村祐を擁する宇都宮南を下した國學院栃木だった。高村は法政大学へ進み、九一年のドラフト会議で近鉄バファローズからドラフト一位指名される。

足利工は序盤から優勢に試合を進め、八対二で勝利、三年ぶり六回目の甲子園出場を決めた。しかし甲子園での一試合目、鹿児島商工（現・樟南）戦で延長一〇回に一点を奪われ、二対三で敗退。全国的な知名度を得ることは出来なかった。

三

高校二年生の秋に行われたドラフト会議を石井はテレビで見ている。

この年、最も注目を集めていた高校生は東亜学園の川島堅だった。川島には、広島東洋カープ、阪神タイガース、近鉄バファローズの三球団が指名。また、ＰＬ学園の立浪和義にも中日ドラゴンズと南海ホークスの二球団が一位指名し、抽選となった。

その他、尽誠学園の伊良部秀輝、ＰＬ学園の橋本清、函館有斗の盛田幸妃、浦和学院の鈴木健をそれぞれロッテオリオンズ、読売ジャイアンツ、横浜大洋ホエールズ、西武ライオンズが一位指名。高卒選手の当たり年だった。

「当時は情報もなかったので、自分にどれぐらいの力があるのか分からない。栃木では落合英二さん、高村さんと共に県内屈指の投手と呼ばれることもありましたが、その県内屈指が全国でどこまで通用するのか。誰を物差しにしていいのか分からない。もちろん、怖い物知らずで投げられたといういい面もあったと思います。自分が出ていた甲子園で投げていた一つ上の人たちがドラフトで指名されて、ああ、すごい人たちと一緒の舞台に出ていたんだなというのはありました。（翌年には）ここに入りたい、ドラフトに掛かりたいと考えていました」

ところが、思わぬところで躓くことになる。

高校三年生の春、石井は柔道の授業中に怪我を負う。そして十分な走り込みが出来ないまま、県大会を迎えることになった。

「自分の中で、一度甲子園に出たということで油断があった。油断というか、過信、驕りがあった。また一年生、二年生のときは上級生に守られている部分がありました。最上級生として自分が引っ張っていかなきゃいけない。それがプレッシャーになった」

ぼくは本質的にビビりなんですよ、と石井は言う。

初戦の栃木南に一五対〇、氏家にも七対〇と連続コールド勝ち。そしてベスト八を掛けた佐野商（現・佐野松桜）戦は延長戦までもつれた。足利工が一四回表に二点を挙げ、二対〇で勝利したが、石井は一八三球を投げることになった。

次の対戦相手は春の甲子園に出場していた宇都宮学園だった。この準々決勝は事実上の決勝戦だった。宇都宮学園には、石井が早くから才能を認めていた同学年の選手が集まっていた。

「彼らもまた一年生からレギュラーで、三年生になって頭角を現していた。試合前から彼らの力は分かっていました。だから、きつい試合になると覚悟していましたね」

中でも警戒していたのは、三番真中満、四番高島徹の二人だった。真中は日本大学から九二年のドラフトでスワローズから三位指名された。

高島は八八年にドラフト外でオリックス・ブレーブスに入団。近鉄バファローズに移籍し、二〇〇〇年まで現役を続けた。

〈二回、宇都宮学園打線が爆発した。先頭の高島が中前安打で出塁。一死後、稲垣、水田、竹内、小森、岩本の5連続安打。二死後、真中、高嶋も連続安打し、この回一挙に7点を挙げ、試合の主導権を握った〉(『朝日新聞　栃木版』一九八八年七月二五日付)

石井は自らの弱気が敗戦の原因だったと振り返る。

「初回は抑えたんですけれど、あまりにボールが(狙ったコースに)行かなかった。高嶋たちは小中学校から知っているのでやりにくかったです。宇学は春の甲子園で準決勝まで行っていたこともあって、やる前から気持ちで負けている部分がありました」

佐野商との試合から一日空いたことも影響があったという。

「ぼくの場合、連投は利くんですけれど、躯に張りが出てくるせいか、一日置いた次の日はきついんです。まあ、言い訳にならないですけれどね」

試合は五対一三、八回コールド負けという散々な結果だった。

「終わった瞬間、次のことは考えていませんでした。ただ、コールド負けしたことでプロ(からの指名）はない、（高卒でのプロ入りは）諦めなきゃいけないかなっていうのはありました。大学に行って、やり直そうと思っていました」

石井は東洋大学のセレクションを受け、合格通知を受け取った。大学では投手ではなく、野手として勝負するつもりだった。投手としての才能に見切りをつけていたのだ。

横浜大洋ホエールズのスカウトだった江尻からの誘いは、まさにこの時期だった。

冒頭の場面に話を戻す。

ドラフト外という評価は不本意だった。また、投手として評価されていることも引っかかったが、プロ野球選手になるという夢を叶えられる嬉しさがそれを上回った。

「それで（東洋）大学の方には断りを入れますって話をしたら、江尻さんが逆に、ちょっと待て、ちょっと待てと慌てたくらいでした」

一一月二四日、ドラフト会議が行われた。江尻と会った後、ヤクルト本社の副社長だった相馬省二が足利市出身だった関係で、石井を指名するかもしれないという話もあったという。スワローズは一位で大分県津久見の川崎憲次郎、二位で高知商の岡幸俊を指名。いずれも抽選で交渉権を獲得した。

「二人とも超高校級のピッチャーじゃないですか。それをポンポンと一位、二位で獲った。ああ、ぼくはもう要らないだろうなと思っていました」

ホエールズの一位指名は島根県江の川（現・石見智翠館）の捕手・谷繁元信だった。

「甲子園に出ていたみたいですけど、ぼくはどういう選手なのか全く知らない。（同じ投手の）川崎憲次郎だってそうです。情報が入ってくるとすれば関東の学校だけ。遠征に行くのもせいぜい千葉まで。ぼく自身、（テレビで）人を見て、うわっ、こいつ凄ぇなって思わない人間なんです。実際に対戦してみないと分からないと思っていたので、（ドラフトで指名される同年代の選手に対して）リアリティがなかったんです」

私立の強豪校ならば、関東近県あるいは全国へ遠征を行う。しかし、県立高校である足利工は春先に卒業生のつてを辿って千葉遠征を行う程度だったという。

その千葉遠征でのことだ。

「高校二年のとき市立銚子と対戦して、ボカスカ打たれたんですよ。そいつは凄ぇと思いましたよ。躯つきとか違うし。一個年上かと思っていたら、監督に〝同級生だぞ〟って言われた」

その打者は投手だったが、その試合では投げなかった。こういう選手がプロ野球に行くのだと感嘆した記憶がある。しかし、その投手もドラフトで指名されなかった。読売ジャイアンツにドラフト外で入る、石毛博史である。

ドラフト会議の五日後、二九日付の『日刊スポーツ』に小さな記事が掲載されている。

〈大洋は29日、ドラフト外で石井忠徳投手（栃木・足利工、右投げ左打ち）を獲得した。契約金一五〇〇万円、年俸三六〇万円〉

足利工業野球部監督の齋藤はドラフト外で結果を残した選手の記事や資料を集めて、石井に渡したという。

記事を読みながら、石井はこう考えるようになった。入り方は格好悪いかもしれない。でも大切なのはプロに入った後のことなのだ、と。

四

ホエールズの監督は古葉竹識《こばたけし》だった。古葉は七五年に広島東洋カープを創立以来のリーグ優勝に導いている。その後も七九年、八〇年、八四年と三度のリーグ、日本シリーズ優勝という成績を残した。その功績を買われて、八七年からホエールズの監督に就任していた。

しかし、ホエールズでの一年目は五位、翌八八年シーズンも四位と低迷していた。

「当時のキャンプは一軍、二軍合同で沖縄の宜野湾市から始まりました。途中から一軍は沖縄に残って、二軍は静岡の草薙に移る。その後、一軍が草薙で二次キャンプを張り、二軍は横須賀に行く。一軍は草薙から遠征してオープン戦に出ていくという感じでしたね」

石井はキャンプの間、一軍に帯同することになった。

「最初は二軍のピッチャーの隣で投げていました。二軍でもプロのピッチャー。また人が投げているボールってよく見えるんです。全然名前を知らない人が、凄い球を投げている」

石井の持ち球はストレートとカーブの二つしかなかった。

「自分がプロで通用するとか、そんなことは考えていませんでした。一生懸命投げていただけですね」

三月一二日の日本ハムファイターズ戦の六回、石井は齊藤明夫の後を引き継いで、初登板している。一回を投げ、無失点。上々の滑り出しだった。翌日の『日刊スポーツ』の選評は石井には触れていない。ただ、〈ルーキーの成績〉という一覧表に石井の名前があり、〈1回3人で抑える〉とだけ書かれている。

この試合について石井に訊ねると「全然覚えていないです」と首を振った。

その後、石井は開幕一軍メンバーに入っている。ホエールズの高卒新人選手で一軍に残ったのは谷繁と石井の二人だけだった。

「後々考えれば、高卒一年目で開幕一軍に入るって、俺、凄かったんだなと思うことがありますが、ほんと、ただ残っているというだけでした。鳴り物入りで入ったわけでもないし、(開幕一軍に入ったことで）騒がれもしなかった」

ドラフト一位の谷繁が一軍メンバーに入ったことは大きく取り上げられた。

「(メディアの注目度が）違うのは仕方がないなと思っていました。先輩の扱いも違いましたね。彼はキャッチャーなので、ピッチャーの先輩たちが英才教育というか、大切に育てようとしているのが分かりました」

開幕四試合目のカープ戦、四回に先発の野村弘樹が打たれ、石井は公式戦に初登板している。

「広島に三タテ（連敗）されている。その三タテ目だったんですね。一アウト一、三塁だったかな。初登板がランナーを背負ってというのはきついです。本当に何て言うんだろう、ここにいていいのかなっていう感じがありました」

もう舞い上がっていましたね、と苦笑いした。達川光男に適時打を打たれ二失点。続く五回もマウンドに登ったが、四番の長内孝に本塁打を打たれている。

この試合の後、二軍に落とされた。

「その後の二軍の生活が大変でした。寮に住んでいたので、新聞当番、電話当番、先輩の荷物をバスに積んだりと仕事が沢山あるんです」

一軍帯同で免除されていた下働きが回ってきたのだ。

「二軍では本当に怖いものなし、でしたね。打たれる、打たれないというよりも、伸び伸び投げられた。二軍だったら、そこそこ行けるかなと。そしてセリーグ主催の試合だと、打席に立てるのも楽しかった。一年目は一ヶ月ほど二軍にいて、また一軍に戻りました」

一〇月一〇日、神宮球場で行われたスワローズ戦で八回三分の一を投げて、初勝利を挙げた。順位を争っていたタイガースも勝利したため五年ぶりの最下位が確定した日でもあった。

試合後、石井は報道陣に初々しい言葉を残している。

「九回に交代した後、ベンチで足が震えてました。良かったもの？　無我夢中で何が何だか…。覚えたばかりのフォークが良かったのかも」

この年、石井は一軍で一七試合に登板、一勝一敗、防御率三・五六という成績だった。

そして翌九〇年シーズンから、須藤豊が監督に就任した。

〈2年目の90年、古葉竹識氏から須藤豊氏へと監督が交代したことで、気分も新たになった。自主トレからもうその気になって、ガンガン飛ばしていた。いわゆる勘違いタイプ。勘違いしたままキャンプインし、ペース配分も何もなく、ひたすらアピールした。新聞には「石井、オープン戦開幕」という見出しが躍り、須藤監督にも「桑田二世だ」とおだてられた。だが、これもオープン戦が始まるまで。いざ蓋を開けてみたら、ボロボロだった。どうせ勘違いするなら、最後まで勘違いしていたらいいものを……「こんなもんだよな」。
一気に自信がなくなった〉（『疾走！　琢朗主義』）

さらに左膝を故障し、二年目の大半を二軍で過ごすことになる。改めてイースタンリーグでは防御率二・一三で最優秀防御率を獲得するも、投手としての自分の限界を感じるようになっていた。『疾走！　琢朗主義』では〈下ではそこそこいいピッチングをしていても、一軍に行くと、自分のピッチングがまったくできない〉〈ブルペンではいい球を投げていても、ゲームでマウンドに立つと、舞い上がってしまう。メンタル面の弱い典型的なピッチャーだった〉と書いている。

須藤の監督就任と同時に、スカウトとして石井を獲得した江尻がヘッドコーチとなっていた。

九〇年シーズン終了後の秋季キャンプで石井は江尻に野手転向を訴えた。

「バッターとして通用するとかしないとかいう考えはなかったです。ただ、バッターの方がやりたかった。好きで入ったプロの世界なんだから、好きなことをやって駄目ならば辞める方が後悔しないだろうっていうのがありました」

ホエールズの二軍選手が生活する寮には室内練習場が隣接していた。石井は時間があるときには、そこでバッティング練習をしていた。バットを振ることが、石井の気分転換だった。

「プロに入るとき、（投手として上位指名で）ある程度レールを敷かれていれば、野手に転向は出来なかったかもしれません。ただ、ぼくはドラフト外。我が儘を貫こうという感じでしたね」

ホエールズにとって、石井は主力ではなかったが、連投が可能な中継ぎ、ローテーションの谷間での先発を任せることの出来る投手だった。意地悪く言うならば、敗戦確実、あるいは負け濃厚な試合にも遠慮なく送り出せる、使い勝手のいい若手だ。

ホエールズのような弱いチームが一シーズンを戦う上で、捨て石のような投手は一定数必要となる。また、石井が野手に転向したとして、成功する保証はない。江尻は石井に野手転向を思いとどまるように言った。

——もう一年待て。一年間、打者の立場から野球を見て、打者心理になって投げてみろ。そうしたら、もっと楽しんで投げられるから。

九一年は石井にとって、精神的に辛いシーズンとなった。打者に転向したいという自分の気持ちを押し殺して、投げなければならなかったからだ。肘の痛みを理由に、一軍昇格を断ったこともあった。そしてシーズン終了後、須藤に直談判することに決めた。球団主催のファン感謝デーの日、石井は監督室を訪れ、野手に転向させてくださいと切り出した。

「自分は投手として限界だと思うんです」

それを聞いて須藤は真っ赤な顔になった。

「その若さで限界とはなんだ」

須藤は「話にならない」と捨て台詞を残して、監督室を出ていった。しかしその後、監督から石井の意向を尊重するという伝言が入った。

「自分の意志を貫き通して転向させてもらったので、次の一年で目処がつかなかったら首を切られるだろうという覚悟でした」

石井は秋季キャンプから泥にまみれることになる。

五

石井は野手転向に合わせて、「忠徳」から「琢朗」に改名している。

「子どもの頃から忠徳という名前に抵抗があったんですよ。ちょっと読みにくいですし、漢字としても重い。周りからはターちゃんって呼ばれていて、忠徳って言うのは身内ぐらいでした。音の響きが好きじゃなかったんです」

石井琢朗となって生まれ変わるつもりだった。

当然ながら内野守備には苦戦した。

「本当に一から、でした。思っていた以上に大変でした。足の使い方、グローブの出し方。もうしごかれました。いや、自らしごかれた、という感じでした」

石井に付ききりで守備を教えたのは、コーチの岩井隆之だった。

「野球っていうのは〝間〟のスポーツなんですよ。守備では一連の流れの中でボールを捕る。ただ、一瞬だけボールを捉える〝間〟があるんです。その間がなかなか取れなかった。横への打球、前への打球、逆シングルで捕るというのは普通に対応できたんです。なにげに一番難しいのは正面への打球。どうしてもボールと衝突してしまう」

逆シングルは、バックハンドキャッチとも呼ばれる。グローブを利き腕の反対方向に出して、片手で打球を掴むことを指す。躯を動かしながら、飛んで来るボールと距離感を掴み、流れの中で捕球することは難しくない。停まったまま、自分の正面に飛んで来る球をグローブに入れて、滑らかに投げるという動きが難しい――というのだ。

「強い打球はバッと受けちゃえばいい。緩い、ポンポンと正面に転がってくるのが簡単なようで難しい」

石井は捕球の〝間〟を見つけるため、ノックを受け続けた。練習が終わるとグローブを填《は》めた掌が内出血で黒く腫れ上がったという。

打撃では高木由一が辛抱強く石井に付き合ってくれた。

「まずはチームにいる良いバッターの真似、形態模写から始めました」

石井が模倣したのは、高木豊だった。

八〇年にドラフト二位でホエールズに入った高木は、俊足堅守、そして巧打の選手である。

「そこから色んなピッチャーと対戦して、よりシンプルに自分に合ったフォームにしていく。打撃も〝間〟なんです。ピッチャーとの〝間〟、（構えに入り、バットの）トップの位置がぱっと決まるという〝間〟」

間の習得には反復練習しかない。宿舎に帰ると岩井、高木に指摘された箇所をノートに書いた。

「岩井さん、高木さんが本当に熱心に教えてくれた。そして（選手を教える知識という）引き出しも多かった。そういう練習熱心なコーチと出会えたことがぼくには大きかった」

野手としての経験がなかったことが逆に良かったとも考えている。

「アマチュア時代からずっと野手でやってきて、それなりの形が出来ていると、自分のやってきたことと衝突して、プロ野球のコーチの言葉に耳を傾けなかったかもしれない。でもぼくの場合は本当にゼロからの出発だった。そこでプロレベルの指導を受けたので、全て吸収することができた」

必死に練習しながら、石井の心の中には影があった。プロ入りからすでに三年が経っている。あと一年ほどで内野手として使えるという目処をつけなければ解雇されるだろう。ただし、自分を投手として考えていた須藤に刃向かって野手に転向したのだ。須藤が監督である間は、一軍で起用されることはないかもしれない。そうした不安を頭の片隅に押しやって、ひたすら練習を続けるしかなかった。

ホエールズは開幕前、地元で必勝祈願を行っている。そのとき、石井は須藤から呼ばれた。

――お前、四〇人枠に入れておくからな。

その瞬間、石井は何のことか分からなかった。このシーズンの規定では四〇人枠に入った選手しか一軍への出場は出来なかった。四〇人枠に入れるということは、今シーズン中に一軍起用する意志が須藤にあるということだった。

「オープン戦でずっと一軍に帯同していたわけではないんです。前の年までピッチャーをやっていた選手がそんなに早く試合に出られるとは思っていませんでしたから」

そして、野手としてのデビュー戦は開幕すぐにやってきた。四月一七日のスワローズ戦に七番遊撃手として先発出場している。

一回表、グラウンドに立つと、まず気恥ずかしさを感じたという。

「マウンドにいるピッチャーの背中を見ながら守る。景色が全く違うんです。そして、去年までピッチャーをやっていた人間が、転向した次の年に試合に出られていいのかという思いもありました。内野手の層の厚いチームならば、起こりえないはずですから」

案の定、石井は初回スワローズの二番打者、橋上秀樹の打球を失策している。一方、打者としては第一打席で西村龍次から内野安打を放った。投手時代に三安打を記録していたため、通算四安打目となる。そして、このシーズン途中から三塁手として先発出場するようになった。

六

プロ野球選手たちは、星屑のように日本全国に散らばる野球少年から選ばれし者たちである。しかし、一〇年に一度の逸材などと評価されて、プロの門をくぐった選手が必ずしも成功するとは限らない。

プロとして生き残ることが出来るか、どうかは巡り合わせ、あるいは人との出会いに左右される部分が大きい。

どれだけ能力が高い選手であったとしても、同じポジションに外すことの出来ない実績ある選手がいる、といったことも起こりうる。常に優勝を狙えるチームに入り、周囲から刺激を受けて成長する選手もいれば、潰れてしまう選手もいる。逆に下位に低迷しているチームで、ポジションを与えられて経験を積み、力を蓄える場合もある――。

石井の野手転向一年目の九二年シーズン、ホエールズは五位に低迷。シーズン途中の五月に須藤が休養に入り、江尻が監督代行を務めた。翌九三年シーズンから、チーム名が「横浜ベイスターズ」となり近藤昭仁が監督に就任。近藤が指揮を執った三年間は、五位、六位、四位。いずれも

Bクラスに沈んでいる。

「須藤さん、江尻さんにゲームに使ってもらい、近藤さんが引き継いだ。(近藤監督の元では)二番を打つことが多かった。バントだったり、バスターだったり細かい野球を身につけさせてくれたのは近藤さんでした。心の中では(将来のために)お前らを使ってやっているという感じだったと思います。ぼくは直接言われたことはなかったですけれど、(後輩の)鈴木尚典《たかのり》などはよく言われてましたね。ぼく、鈴木尚典、波留(敏夫)、佐伯(貴弘)、谷繁はほぼ同年代。近藤さんはぼくたちを我慢して使っていたはずです」

近藤が畑を耕し、九六年から監督となった大矢明彦が種を蒔き、九八年の権藤博監督時代に花が咲いたと石井は考えている。

九八年、ベイスターズは石井、鈴木、波留、佐伯、ロバート・ローズ、駒田(徳広)たちの〝マシンガン打線〟を擁して、一九六〇年シーズン以来のリーグ優勝。日本シリーズでも西武ライオンズを下して日本一となった。石井は、打率三割一分四厘、四八打点、三九盗塁。最多安打と盗塁、ベストナインのタイトルを獲得している。

そんな中、石井は冷静だった。ベイスターズがこのまま勝ち続けるチームであると思っていなかったのだ。

「ぼくはこの年から選手会長になっていたので、契約更改のときに選手を補強してくださいという話をしましたね。来年は必ず疲れが出て来る。他のチームは補強してくるでしょう。このままの戦力で来年勝てるはずがない。全部のポジションが足りない。特に投手ですね。優勝したので今、チームにはお金がある。それを使うべきだと」

石井は弱いベイスターズに戻してはならないという思いがあった。しかし、彼の言葉は球団側に響かなかった。

優勝の翌九九年はリーグ三位。それでもベイスターズはチーム打率二割九分四厘という当時の日本記録を更新している。石井は三九盗塁で、ベストナインと盗塁のタイトルを二年連続して獲得。そこからチーム全体の力は緩やかに、そして確実に落ちて行っていた。ベイスターズの主力選手は石井たちと同年代である。加齢と共に力が衰えるのは必然だった。

二〇〇〇年、二〇〇一年は三位と力を保ったが、二〇〇二年から二〇〇四年まで三年連続して最下位。再び低迷期に入った。

石井は二〇〇〇年にも最多盗塁、二〇〇一年に最多安打を記録している。九七年から二〇〇一年まで五年連続、遊撃手部門でベストナインに選出されている。

「ずっと試合に出ていましたけど、自分の守備に自信が持てるようになったのは、二〇〇四年に進藤さんが内野守備コーチになった時期ですかね。それまではずっと不安を抱えながら守っていました」

野球選手として円熟の域に入ったと思った頃、球団と距離を感じるようになった。

まずは二〇〇六年のシーズンオフだった。

石井はこのシーズンを全試合フルイニング出場、一七四安打という成績で、通算二〇〇〇本安打を達成していた。特にフルイニング出場には拘っていた。

主力選手は試合に出続けることが大切だ。それは相手チームが最も嫌がることであると石井は考えていたのだ。しかし契約更改の席で球団の評価はそこに重きを置いていないと感じた。

翌二〇〇七年、牛島和彦から大矢が監督になった。大矢にとっては二度目のベイスターズ監督就任である。石井にとって大矢は自分を三塁手から遊撃手にコンバートしてくれた、恩義のある監督だった。大矢の元でもう一度優勝して現役生活を終えるつもりだった。

二〇〇七年シーズン開幕二試合目だった。六回、石井は途中交代を命じられた。このとき、二〇〇五年シーズンからのフルイニング出場の記録は途切れた。その後、出場機会がぐっと減ることになった。石井はその扱いに納得が出来なかった。自分はまだやれる。このままでは終われないという思いが、石井の中でもたげてきた。

翌二〇〇八年シーズン終了直前、石井は球団に呼ばれた。

彼の著書『心の伸びしろ』によると「引退するならば、それなりの花道を用意する」と告げられたという。それに対して石井は「横浜を出て、他のチームでやってみたい」と答えている。石井はフリーエージェントの権利を所有していた。その権利を行使する形でも良かった。とにかく不本意な気持ちのままで現役を終えるつもりはなかったのだ。

石井がフリーエージェントを口にしたとき、球団側は年俸のつり上げかと疑っていた節がある。また選手会長としてチーム編成に口を出す石井を煙たく思っていた人間もいたことだろう。両者の関係は冷え切っていた。話し合いの結果、石井は自由契約となった。平たく言えば、戦力外通告である。

そんな石井に手を差し伸べたのは広島東洋カープだった。カープもまた長くリーグの底辺で燻っていた。若手選手の手本となる存在として石井の経験と野球に対する向き合い方を評価したのだ。

「カープにはかつての自分のような、巧くなることに貪欲な若い選手が沢山いました。（野村謙二郎）監督は我慢してそういう選手を使っていた。このまま行ったら間違いなく強くなるなと思いました」

石井は常時試合に出場することはなかったが、大切な場面で勝負強さを発揮し、チームに欠かせない選手となった。二〇一二年シーズンからコーチ兼任となり、このシーズンを最後に引退した。

二四年間で通算安打は二四三二本。二〇〇〇本以上の安打を記録した選手で、石井以外に投手として勝利を挙げたのは川上哲治のみ。最終戦の横浜ＤｅＮＡベイスターズ戦前には引退セレモニーが行われ、両チームのスタンドから温かい声援が飛んだ。ひっそりとプロ入りした石井は、多くの人から惜しまれて現役生活を終えることになった。

石井の引退により「ドラフト外」の選手は球界から全て去ったことになる。

ドラフト上位に指名されて期待されながら、結果を残せなかった選手と貴方の違いはどこにあるのか、と石井に問うてみた。すると石井は「どうでしょう」と腕組みした。そして「その選手の持っている運命なのかな」と独り言のように呟いた後、いや、違うと首を振った。

「目標をどこに設定しているか、だと思います。少し前ならば逆指名で入ったり、あるいは好きな球団に入るために浪人したりというのがありました。その人たちっていうのは、その球団に入るのが夢であり、それが叶えられれば終わりという意識があったのかもしれない。もちろん、それは人それぞれあるので、一概には言えません。ただ、プロになるのが夢なのか、プロに入って活躍するのが夢なのか。その差が大きいと思います」

石井はドラフト外で入ったことが、自分の力になったと考えている。

「ぼくは追い風に背中を押されて、順風満帆に歩いて来たという人生じゃないんです。常に向かい風に（向かって）進んで来た。反骨心というかね。大切なのは精神的な部分。プロに入ってくる人間はみんな才能があります。その中で飛び抜けるかどうか、八割から九割は気持ちの強さ、精神的なものだと思います」

緒方孝市監督となったカープは二〇一六年からリーグ連覇している。そのチームを石井はコーチとして支えた。

「横浜は優勝したことで安心して、ドーンと落ちた。それを経験しているので、カープでは補強もするところはする、そして選手を締めていかなきゃいけないと考えていました」

二〇一八年シーズンからは東京ヤクルトスワローズのコーチに就任した。スワローズはかつて石井がドラフトで指名される可能性のあった球団である。そして、監督は真中満——。高校三年生夏の栃木県大会で石井を打ち崩した宇都宮学園の主軸だった男である。

野球界では様々な人生が思わぬところで交差する。だから面白いと石井は思っている。

石井 琢朗 （いしい・たくろう）

1970年8月25日、栃木県生まれ。小学三年生時に、父・菊次郎が監督を務める『犬伏学童野球クラブ』に入部する。佐野北中学校から足利工業高校へ進学すると、1年生ながらエースに抜擢、高校2年生の夏は甲子園出場を果たす。88年ドラフト外で横浜大洋ホエールズに入団。1年目に初先発初勝利をあげるが、その後伸び悩み、3年目に当時の須藤豊監督に野手転向を直訴。また名前を忠徳から琢朗に改名する。野手転向2年目の93年、初の盗塁王を獲得。94年は全試合出場を果たし、レギュラーに定着。球界を代表するリードオフマンに成長し、98年にはチーム38年ぶりの日本一の原動力となった。2006年には2000本安打を達成する。08年オフに広島東洋カープに入団、ベテランとして若手選手の良き手本となり、チームを支えた。12年限りで現役引退。引退後は広島東洋カープのコーチに就任、16年、17年のリーグ連覇に貢献した。18年より、東京ヤクルトスワローズ1軍打撃コーチを務める。

CASE 2

石毛博史

88年ドラフト外
読売ジャイアンツ

写真は阪神時代。

一

石毛博史が生まれ育った銚子市は茨城県との県境、千葉県の最東端に位置する。利根川河口の太平洋に面した穏やかな漁師町だ。

利根川を使い、近隣の大豆や小麦が集められるという利便性もあって江戸時代から醤油醸造業が発達した。今もヒゲタ醤油、ヤマサ醤油という二つの企業が本社工場を置いている。この街では、醤油の香りが人々の毛根にまで染みついている。石毛もその一人だ。

「お父さんはヒゲタ醤油の工場で働いていました。爺ちゃん、婆ちゃんもみんなそうです。銚子のご飯屋さんに行くと、必ずヒゲタとヤマサと二つの醤油が置いてあるんです。醤油の街なので、醤油に関わっている人がいっぱいいるんです。みんなどちらを使うかこだわりがあるので、片一方しか置いていない店は流行らないです」

醤油とソースじゃなくて、醤油が二つなんです。初めて訪れた人はなんでって思いますよね、と柔らかい笑顔を見せた。

石毛は一九七〇年七月、三人きょうだいの二番目として生まれた。野球を始めたのは、小学四年生のときだった。

「放課後、野球部が練習しているのを見ていたんです。そうしたら大人の人が近づいて来て、やりたいのって訊かれたんです。それでやってみたいと答えました。後からその人が監督だということに気がつきました」

野球の世界では、練習や努力で手に入れられない二つの才能がある。飛び抜けて速い球を投げられること、そして打球を遠くに飛ばすことだ。石毛には特に前者の才能が備わっていた。

野球を始めたばかりの頃、石毛は二つ年上の兄とキャッチボールをしたことがあった。そのとき、兄は石毛の投げた球を捕ることが出来ず、顔に当ててしまった。兄はこれがきっかけで野球を辞めてしまったという。

本城小学校野球クラブでは小学五年生から試合に出場している。

「躯《からだ》も大きくて、打つほうも良かったので、投げたり、打ったりで、常に試合に出ている状態でした」

強肩に加えて、石毛には恵まれた体躯があった。小学六年生のときには身長は一六一センチに達していた。

「頭一つ、他の子よりも大きいという感じでした。うちはきょうだい三人とも一八〇センチを超えているんです。ぼくが一番大きいんですけれど。ただ、お父さんはそんなに大きくなくて一七〇（センチ）あるかないか。お母さんも大きくないです。今、思うと小学生の頃から、豚、鶏、牛のローテーションで毎日動物性タンパク質を摂らせてくれた。あと、寝る子は育つじゃないですけれど、中学生までは夜八時には布団に入らされていました」

小学校を卒業する頃には、軟式ボールで一二〇キロほどの速球を投げる右腕投手として近隣で名前を知られる存在となっていた。文集に将来の夢はプロ野球選手になることと書いている。

しかし、銚子市立第五中学に進んだ石毛は早々に躓《つまず》いた。

「ぼくの中学には二つの小学校から一人ずつピッチャーが入って来る。そのピッチャー二人が毎日五〇〇球ぐらいバッティングピッチャーとして投げさせられるんです。それがその中学の伝統だったみたいで」

中学一年生の夏になった頃だった。監督から「お前、肘伸びるか」と訊ねられた。石毛が右腕を動かしてみると、真っ直ぐに伸びない。

「野球肘でした。遊離軟骨が関節のどっかに挟まってしまって伸びなくなっていたんです。痛みはあったんです。（遊離軟骨が）変なところに挟まってしまうと、動かせないぐらい痛くて、衣服のボタンもはめられない、髭剃りも出来ない」

野球肘とは野球による肘の痛み全般を指す。肘の外側で骨同士が摩擦を起こし、骨、軟骨が剥がれる。あるいは肘の内側や後方での靱帯、腱、軟骨の損傷が含まれる。成長期の過剰な投げ込みが原因とされている。

「（医師からは）手術を薦められましたが、当時は内視鏡手術がなかった。（肘にメスを入れて）切ると野球選手生命が終わるというのが、子ども心ながらにあって、そのまま様子を見ることにしました。半年ぐらいはノースロー、投球禁止でした」

投球を再開したのは、中学二年生になってからだ。安静にしていたことが良かったのだろう、痛みは消えていた。

石毛は右腕を出して、軽く動かした。

「今も肘が伸びないんです。ネズミが大きくて動けなかったんでしょう。そのまま（肘などの躯が）成長してしまったので、ずっと曲がったまま。人から見ると異常なんでしょうけれど、自分の中では正常。曲がったまままがぼくの正常なんです」

剥がれた軟骨——ネズミが肘のどこか、痛みの出ない場所に落ち着いた。関節部分に軟骨が挟まっているため、肘は伸びないが、日常生活、投球に支障はなかった。

この伸びない肘が彼の人生を左右することになる。

二

石毛が中学三年生の夏、銚子市立第五中学は県大会で三位となっている。運動具店に勤務する人間が当時、一般的ではなかったスピードガンを持ち込んだところ、球速が一三五キロ出ていたという。

そんな彼の元には千葉県内の柏の私立高校から誘いが届いていた。また野球の盛んな銚子には、銚子商業があった。銚子商業は七四年夏の甲子園で優勝、読売ジャイアンツの篠塚和典、中日ドラゴンズの宇野勝などのプロ野球選手を輩出している。

篠塚は石毛の憧れの選手でもあった。野球を始めた頃、オフシーズンで篠塚が銚子に戻っていることを知り、彼の実家を訪ねたことがあった。〈博史君へ〉と書いてもらった色紙は石毛の宝物だった。

ところが、石毛が選んだのは、市立銚子という一九七九年に一度だけ夏の甲子園に出場経験がある公立高校だった。

石毛はこう振り返る。

「地元を離れるのが嫌だったんですよ。当時、越境で（他の地区の高校に）行っている奴とかあまりいなくて。だから私立高校には断りを入れました。銚子商業は自分の実力ではなかなか背番号は取れないという話を聞いていました。それで受験勉強を頑張って、普通に受験して市立銚子に入りました」

市立銚子で石毛は早くから注目される存在となった。

「高校一年生の春の新人戦で一四四（キロ）とか投げて、銚子になんかすごいのがいるぞって、千葉の新聞に出してくれました」

高校一年生から、読売ジャイアンツの千葉県担当スカウトである城之内邦雄が練習試合を見に来ている。

一九四〇年生まれの城之内は、千葉県立佐原第一高校から、社会人の日本麦酒を経てジャイアンツと契約。一年目の一九六二年シーズン、開幕投手を務めると二四勝を挙げて新人王を獲得した。「エースのジョー」という渾名がつけられ、現役通算一一年で一四一勝八八敗という成績を残している。

無口な城之内は石毛の投球をじっと見るだけだったが、ごく稀に言葉を掛けることもあった。

「今のままでは駄目だと。ダッシュ系、瞬発系の練習をいっぱいしなさいと。そうしたらプロに近くなるって言われてました」

市立銚子高校は高台にあり、地元では「お山の学校」と呼ばれていた。そこで学校までの坂道、階段で石毛は走り込みを繰り返した。

高校二年生になる頃には石毛の名前は関東近県の野球関係者の間では知られるようになっていた。石毛と対戦するため、東京の帝京高校が銚子に遠征してきたこともある。

帝京の三年生には芝草宇宙《ひろし》がいた。芝草は春の甲子園の二回戦で近畿大会優勝チームだった京都西を完封、続く準々決勝でＰＬ学園を相手に好投。延長一一回でサヨナラ負けしていた。

「芝草さんはスライダーが凄くて、ぼくは四打数四三振でした」

芝草はこの秋のドラフト会議で日本ハムファイターズから六位指名されて、プロの道に進むことになる。

この試合で石毛は一学年下の右打者に本塁打を打たれた。その打者の名前は知らなかったが、後年「練習試合で帝京の一年生にホームランを打たれた」という話をしたことがあった。すると一人の後輩選手が「それ、ぼくです」と声を上げた。八九年のドラフト会議で読売ジャイアンツから三位指名を受けて入団した吉岡雄二である。

千葉県大会は全国屈指の激戦区である。この年は一七五校が参加。夏の甲子園の出場権を得られるのは一校のみ、という厳しい大会だった。

市立銚子は順調に勝ち進み、五回戦で優勝候補の一角である拓大紅陵高校、続く準々決勝でも柏井高校を下し、準決勝に進出した。いずれの試合も石毛が完投、打者としても五番に座っている。

準決勝の相手は東海大浦安高校だった。

〈大会屈指と評判の二年生投手・石毛博史君を擁し、五四年以来遠ざかっていた優勝に向かって着実に歩を進めてきた。だが、その石毛君が立ち上がり予想外に乱れ――。

一八八センチの長身から内角に投げ込む速球と、外に逃げるカーブを武器としてきた石毛君だが、準々決勝の柏井戦からその速球がかげをひそめていた。準決勝の試合前、阿玉新一監督は「石毛のカーブが決まるかどうかがポイント」と案じていた。それが初回、現実となる〉(『朝日新聞千葉版』一九八七年七月二九日付)

先頭打者に三塁打を打たれ、二番、三番打者に四球。初回に五点を失う。さらに四回に一点、八回に五点。八回コールド負けだった。

新チームになると、石毛は四番に座るようになった。

「みんな頑張っていましたけど、ぼくがエースで四番。ぼくが打って投げないとなかなか上に行けないようなチームでした」

そして、高校三年生の夏がやってきた。

出足は好調だった。

一回戦の鎌ケ谷戦、石毛は一〇奪三振、打者としても初打席で場外本塁打を放っている。試合は一一対〇で六回コールド勝ちだった。

二回戦の相手は千葉商科大学付属高校だった。雨の降る中で行われた試合はもつれる。九回を終えて四対四。延長戦に入った。一一回表、一死二塁からヒットを打たれ一失点、そのまま敗れた――。

それでも石毛に対する評価は落ちることはなかった。九球団が自宅へ挨拶に来たという。

「関東では五本の指に入ると言われていたんですけれど、実績がないんですね。ぼくは小学生から高校まで全国大会というのに行ったことがないんです」

また、右肘が問題視された。

九球団のうち、七球団が投手ではなく野手として獲得を検討していた。石毛の高校通算三六本塁打という長打力に目を付けたのだ。

「大型スラッガーで内野手として、という話をいっぱい頂いて。大洋（ホエールズ　現・横浜DeNAベイスターズ）や阪急（ブレーブス　現・オリックス・バファローズ）はバッターで獲りたいと熱心でした。ピッチャーとして考えているというのは巨人と阪神だけでした」

石毛は投手をやりたい、と野手での獲得を打診してきた球団に断りを入れている。

「あとは、在京のセリーグでやりたいと言っていました。市立銚子に行ったのと同じ理由で、両親の近くにいたいという内弁慶なところがあったんですよ。地元が近いほうが親が応援に来やすいとか、そんなことも考えていましたね。在京セリーグでピッチャーとして獲って欲しいと強く言っていました」

大学からの誘いもあった。しかし、中学一年生のとき、投げ込みで肘を痛めたことが頭をよぎった。

「また酷使されて潰されてしまうと考えていたんです。また、ドラフトに掛からなかったらどうしようということで、住友金属鹿島から内定を貰いました。在京セリーグからドラフトが掛かれば、そっちに行ってもいいよっていう話だったんです」

在京のセリーグで投手として獲得してくれる球団――それはジャイアンツしかなかった。

三

一一月二二日付の報知新聞では〈上位指名および注目50選手〉という特集を組んでいる。

この年、最も注目を集めていたのは、慶應大学の左腕投手、志村亮だった。志村はプロ入りを拒否し、野球部のない三井不動産への就職を決めていた。この志村を強行指名する球団があるか。また西武ライオンズが系列企業であるプリンスホテルに抱えこんでいた石井丈裕を他球団が指名するか。

また、高校生の投手には大分県津久見高校の川崎憲次郎、大阪桐蔭高校の今中慎二、福岡第一高校の前田幸長。野手に江の川高校（現・石見智翠館）の谷繁元信などもいた。石毛は五〇人の中の一人として〈長身から１４０キロ台のストレートが武器だが、コントロールに難点がある〉

と紹介されている。

一九八八年一一月二四日、ホテルグランドパレスでドラフト会議が開かれた。石毛は日本テレビ系の『ミユキ野球教室』という番組の密着取材を受けている。これは日曜日の午前中に放映されていた、服飾メーカー『御幸毛織』が広告主の野球番組だった。

「テレビカメラが教室に入って、授業を受けている様子とか全部撮ってました」

指名が入れば授業を受けている石毛に連絡が入ることになっていた。

ジャイアンツが一位指名したのは、川崎だった。川崎にはヤクルトスワローズも指名しており、抽選となった。スワローズが当たり籤を引き、ジャイアンツは〝外れ一位〟として北海道拓殖銀行の左腕、吉田修司を指名した。

続く二位で高知商業の右腕投手、岡幸俊を指名。しかし、スワローズ、広島東洋カープ、ロッテオリオンズ、福岡ダイエーホークスと競合。くじ引きで、またもスワローズが交渉権を獲得した。〝外れ二位〟として大阪ガスの右腕、松谷竜二郎を指名した。三位に金足農業高校の投手、佐川潔を選んでいる。

ここからジャイアンツは指名を野手に変えた。

四位で三菱自動車川崎の四條稔、五位で三菱自動車水島の前田隆、最後の六位に札幌第一高校の高梨芳昌を指名した。この年のドラフト会議は六位まで。石毛の名前が呼ばれることはなかった。

指名されなかったことがわかったときは、教室でいたたまれない気持ちでしたか、と話を振ると石毛は「まあまあ、なんか」と口を濁した。

『ミユキ野球教室』の番組の終わりでは、傘を差して校門を出ていく淋しげな石毛の後ろ姿が映し出されていた。

その日の夜のことだ。

「城之内さんから電話があって、六位までに掛けられなかったけど、ドラフト外ということで巨人に来ないかって」

石毛は即答せず「一週間ほど時間を頂けますか」と返事をした。

ドラフトから二日後、二六日付の報知新聞に〈高校生3選手どり　巨人ドラフト外〉という記事があり、石毛の名前が書かれている。

両親は住友金属への就職を薦めた。

「野球が終わってからでも生活が安定している住友金属に行って欲しい。父親は、俺の子なんだから、そこまで出来るとは思っていないと。社会人で三年間やって、それでもう一度ドラフトに掛けてくれるんだったら行きなさい、みたいな感じでした。チャンスはもう一回あるよって」

しかし、石毛にとってプロ野球選手になることは子どもの頃からの夢だった。その夢に手が届くところまで来たのだ。三年後にドラフトで指名されるとは限らない。

「ドラフト外であっても好きな球団から指名が掛かった。できれば早くから環境の良いところで野球をやりたい」

好きな球団というのは言い過ぎたと思ったのか、言い訳するように石毛はこう付け加えた。

「巨人は好きでしたけれど、どうしても巨人でやりたいということではありませんでした。ただ、在京で投手として獲ってくれるという意味で希望球団でした」

電話で城之内に入団の意思を伝えると、スカウト部長を伴って銚子にやってきた。

「ドラフト三位の佐川とぼく、どっちを三位にするかということだったと説明を受けました。肘のこともあり三位には掛けられなかった。三位と同等の契約をしましょうと」

一二月七日付の報知新聞の一面では〈市立銚子石毛　涙の入団〉〈巨人　１４７キロ右腕誕生〉〈目標は江川さん〉という見出しで報じている。

〈あこがれだったプロへの未練を断ち切れず、石毛の心は揺れ動いていた。ドラフトで指名されればそのままプロ入り。指名されなければ、内定している住友金属鹿島へ進む方針を家族会議で決めていた。

「もうプロへは行きません。社会人で野球をやります」

ドラフト会議終了後、石毛はこう言い続け、あくまでもプロ拒否の姿勢は崩さなかった。

父・慎己（ちかみ）さんが、息子の言動を気にするようになったのはそれからだ。トレーニングを再開しようとしない。口数も少なくなった。

「本音をはっきり言う子じゃないんです。ですから一度、お前どっちへ行きたいんだ。ハッキリ言ってみろといったんです」

1日、息子にもう一度問いただした。

胸の奥にしまってあった本心を、石毛が初めて口にした。涙をボロボロこぼしながら、父に訴えた。

「父さん、やっぱりプロへ行きたい」

周囲に迷惑がかかることは承知だった。18歳の少年が、いこじになって家族、会社との〝約束〟を貫き通そうとしたが、それは本音ではなかった。

「特に会社に対して裏切れないという気持ちが強過ぎたんでしょうねえ」と慎己さん。5日、住友金属鹿島を訪れ、石毛、両親、阿玉監督がこれまでの経緯を説明し、丁重に断りを申し入れた〉

実際は住友金属鹿島の担当者とは面会することもできなかった。石毛はドラフトで指名されなかった。話が違うというのだ。関係はこじれ、翌年から住友金属鹿島の市立銚子への採用枠がなくなってしまったという。

四

年が明けた八九年、石毛は背番号「九三」という大きな数字の背番号を背負って二軍キャンプに参加した。

「ドラフト外だからって差別されたり区別されたりっていうのは全然なかったです。逆に一位の選手たちが注目されて、新聞に取り上げられるのが凄いので大変だなと思って見てました」

二軍のブルペンでプロの投手の投球を見たが、圧倒的な差を感じることはなかったという。

「感触的にはこの人たちには負けないと思いましたね。その自信は何なのかは分からないですけれどね」

しかし、一年目は二軍戦にさえ起用されなかった。

「それがチームの方針なんですね。一年目はバッティングピッチャーと（ウエイト）トレーニング。怪我から復帰する前の吉村（禎章）さんを相手に投げてました」

前年の八八年七月、左翼手の吉村は外野フライを捕球する際、中堅手の栄村忠広と衝突。左膝の靱帯四本のうち三本が断裂するという重傷を負っていた。手術後、二軍で調整を続けていたのだ。

「ここに投げたらこう打たれるんだとか考えながらやっていました。バッティング練習の後、吉村さんが色々と話をしてくれたりしました」

二軍のイースタンリーグの試合に帯同し、スコアブックを付けるのも大切な仕事だった。

「一年間やりましたね。いい球だけれどボール一個分、中に入った。それを待たれて打たれた、とか、そういう駆け引きを勉強していましたね」

ドラフト上位指名の選手のように一挙手一投足を追いかけられることもなく、石毛は充実した無名時代を過ごすことが出来たのだ。

そして一〇月、ジャイアンツの二軍はアリゾナの教育リーグに派遣された。

「四〇日間で三〇試合ぐらいするんです。相手はマイナーリーグの選手。だいたい1Aの選手。たまに2Aとか3Aの選手がいました。彼らは、足が速いとか球が速かったりして桁が違う。ただ、ほとんどの選手は（自分たちと）だいたい同じようなレベルでした。躯はでかいし力強さがありましたが穴も多い。結構投げさせてもらって、三振もよく獲れた。終わってみると、MVPを獲らせてもらいました。物怖じしないというか、怖い物知らずというか、もうイケイケどんどんでやっていたんで」

プロ二年目、九〇年シーズンからイースタンリーグで先発起用されるようになった。

しかし、ここで石毛は右肘と向き合うことになる。

「全力で行かないと抑えられないというのが頭にあったので、一回から七回、八回まで全力で投げていました。そうすると炎症が出て来る。痛みはないんですが、しっくりこない。思った通りの動きが出来ない」

しばらく休むと炎症は治まる。ただし、回復に時間が掛かるため、先発ローテーションを守ることは不可能だった。

そんな石毛に救いの手を差し伸べたのが、二軍のピッチングコーチだった宮田征典《ゆきのり》だった。

「宮田さんが〝お前、絶対にリリーフのほうが向いているから〟って。不思議なんですが、短いイニングであれば、毎日投げても肘に炎症が出なかったんです」

宮田は一九三九年に群馬県前橋市で生まれた。前橋高校から日本大学を経て、六二年にジャイアンツに入った。監督の川上哲治により救援投手として起用され、ジャイアンツの九連覇時代の初期を支えた。〝八時半の男〟という渾名は広く知られることになった。現在のクローザー、セットアッパーの先駆者である。

宮田は「感情を出すな」と教えた。

「リーグ戦なので、結果に一喜一憂していると相手に見られる。弱い部分を見透かされる。だから鉄仮面のように、勝っても負けても同じ表情でマウンドから降りてこい。淡々と毎日投げることがリリーバーの仕事なんだって言われました」

八九年シーズン終了後に救援を務めていた鹿取義隆と角三男が移籍したことも、宮田の頭にあっただろう。若く、連投の利く救援投手が一軍で必要とされていたのだ。

五

翌九一年シーズン前、石毛は一軍キャンプに呼ばれている。背番号は「五九」に変わった。

そこで自信が打ち砕かれた。

「二軍のときは負けないって思ったんですが、一軍ではこの人たちには勝てないと思いましたね」

ジャイアンツの投手陣は粒揃いだった。斎藤雅樹、槙原寛己、桑田真澄、水野雄仁《かつひと》、木田優夫らがいたのだ。

特に斎藤である。

「斎藤さんの凄いところは、ブルペンとマウンド（の投球）が一緒なんです。そんなピッチャーいないです。みんなアドレナリンが出たり、集中力が上がったりしてマウンドのほうがいいんです。ブルペンだろうが、開幕戦だろうが、全部一緒。ぼくはブルペンで一五〇キロ出せって言われても出ないです。メンタル面もあるし、守備もバッティングも巧い。二刀流でやっていたら大谷（翔平）よりも凄いと思う。絶対にこんな風になれないと思いました」

当時、一軍の投手枠は九人。そのうち八人は確定していた。

「すごいピッチャーがいっぱいいました。初めての一軍キャンプで、アピールしなきゃいけない場所だったんです。(残りの投手枠)一つを四人で争うことになっていたんです。ぼくはマイペースでやっていたんですけれど、他の三人はすごく飛ばしていた。そうしたらキャンプの二週間でみんなぶっ壊れたんですよ。ぼくはマイペースでやっていて、他の選手たちが壊れた頃に調子が上がってきて目立った。それで一軍に残れたんです」

キャンプの後のオープン戦も無難に抑え、開幕を一軍で迎えることになった。

四月一八日、ジャイアンツは東京ドームに横浜大洋ホエールズを迎えた。先発はジャイアンツが香田勲男、ホエールズが中山裕章で始まった。香田の立ち上がりは良かった。三回まで無失点。しかし、四回に走者を二人置いて本塁打を浴びて逆転された。さらに五回にも本塁打を浴びてマウンドを降りた。

そして六回から石毛がマウンドに上がることになった。

「敗戦処理なんですけれど、初登板の場面を(監督だった)藤田(元司)さんが作ってくださった。もうブルペンで震えちゃって、ブルペンからベンチ裏まで行くのに、結構距離があるんですよ。歩いて行く途中、どうしよう、どうしようってなっていました」

ところが、ベンチからグラウンドに足を踏み入れた途端、すっと緊張が解けたのが自分でも分かった。

「うわーっ、こんなところで投げられるって、逆に楽しくなっちゃって。ランナーズハイじゃないですけれど、緊張していたのが、振り切っちゃったんでしょうね。（観客席の）声援も聞こえるし、顔も見える。不思議な感覚でしたね。負けているんだけれど、マウンドに立てることが楽しくて仕方がなかった」

二塁手を守っていたのは篠塚だった。小学生時代、サインを貰った選手と一緒のグラウンドにいるのだ。

「すごく嬉しかったことは覚えています。内容は全く覚えていないんですけれど」

石毛は六回、七回の二イニングを投げ、一安打、無失点で抑えた。

このシーズンは二三試合に登板し、〇勝一敗一セーブ、防御率三・〇三という記録だった。

石毛の才能が花開いたのは翌九二年シーズンだった。五二試合に登板、五勝三敗一六セーブ、防御率一・三二という好成績を残した。このシーズンから宮田が一軍投手コーチとなったのも石毛の支えとなった。

「ぼくは（感情の）スイッチのオンオフを上手く切り替えられるみたいです。（出番が回ってくるのではないかと）ブルペンで投げているとスイッチが入って、テンションが上がる。で、その後、少し冷静になるんです」

そして、落ち着いた精神状態でマウンドに立ち、試合が終わると、スイッチを切ったかのように日常の穏やかな心理状態に戻るのだという。

石毛の一五〇キロ前後の速球であっても、プロの打者はバットを合わせることが出来る。大切なのはタイミングをずらす、変化球である。石毛の場合はスライダーだった。ここで石毛の右肘が生きた。

「ベースのすごい前でワンバンしたりしていたので、フォークって言われたこともありましたけど、フォークは一切投げていない。スライダーです。肘が曲がっているので、(回転が)斜めに入って縦にスライドする。変化が縦になっているのでフォークだと間違えられたんです。解説でもみんな〝今のフォーク、すごいですね〟って言っていました。確かに普通はスライダーであんなワンバンはしない」

石毛のスライダーは直球と全く同じ腕の振りである。球を待っていると振り遅れる。そのため、球が石毛の指先を離れる瞬間、打者はスイングに入る。途中で直球ではないと気がついても、スイングを止めることは出来ない。そのため、地面にバウンドするような球に空振りしてしまうのだ。

一軍ではある打者との対戦を楽しむようになった。中日ドラゴンズの落合博満である。

「ぼくが学生のとき、憧れはピッチャーならば江川(卓)さん、バッターは落合さん。本も読んでいたし、憧れの存在でした。初めて対決したとき、全部真っ直ぐで行こうと思ったんです。それでツースリーになった。最後、ここでスライダーを投げたら、今までの感覚であれば、空振りするだろう。もしくは見逃してフォアボール。そんなことも思ったんですけれど、ストレートを投げた。そうしたら、左中間にツーベースを打たれた。あ、すげぇなって」

その後、落合は自分の投げた球をどのように打つのだろうと観察するようになった。全力で投げて、安打になるのか、ファールになるのか、あるいは空振りか。それによって自分の調子を測ったのだ。

「落合さんには最初、打たれましたけど、その後はほぼ打たれていないんです。落合さんは（配球の）読みで入るので、ぼくみたいに荒れたピッチャーは嫌なんですよ」

石毛によると、バッターボックスでの落合は、投手の目を見てくるのだという。

「普通はボールを見るんですけれど、落合さんは目で判断する。ピッチャーの目でインコース、アウトコース、どちらを狙っているのか見る。ぼくは落合さんの目を見て、スライダーを投げるんです。だから怖かったんじゃないですか。スライダーは結構曲がるし、抜けることもある」

石毛が内角に投げ込んでくると落合は読んだとする。直球がきちんと内角に入ってくれば対応できる。しかし、スライダーがすっぽ抜けると、右打者の落合の頭部に向かって球が向かってくる。

「ランナーがいないとき、わざと初球に（暴投して）バックネットに投げたり。そうすると、うわっ、なんだこいつって思いますよ。そこでぼくの勝ち、みたいな」

石毛は楽しそうにくすくす笑った。

「落合さんはどんな風に思っていたのか分かりません。訊いたこともないです」

その他、石毛が得意としたのは、右打ちの長距離打者だった。

「（スワローズの）池山（隆寛）さん、広澤（克己）さん、タイガースの真弓（明信）さんとか岡田（彰布《あきのぶ》）さんとか。引っ張りのバッターは多くて穴が多い。逆に三振が少ないバッターは粘られてフォアボールというのがあった。ヤクルトの飯田（哲也）とか」

六

九三年シーズン、長嶋茂雄が監督に就任した。長嶋は「勝利の方程式」という言葉を使い、石毛をクローザーに固定した。

「このシーズンからセーブのつく場面で投げることになったんです」

セーブがつくとは、まず勝利チームの最後の投手として登板すること、である。リードが三点以内の場合は一イニング以上投げること、などの条件がある。石毛は自分にセーブ数のタイトルを獲らせるつもりなのだとひしひしと感じたという。

そして石毛は三〇セーブを挙げ、タイトルを獲得。初めてのオールスターゲームにも選出されている。

ただし、石毛は「セーブ王」というタイトルには拘りはなかったと明かす。

「自分はクローザー（抑え）ではなく、ストッパーでありたいと思っていました。ストッパーというのは、相手の勢いを止める役目。セーブがつかなくても自分が出ていく。向こうも石毛が出てきたら駄目っていう風にしたい。そういうやりがいがあるのがストッパーだったのかなと」

九〇年代のジャイアンツはとてつもない人気があった。救援投手は味方のピンチの場面に出ていく。満員の東京ドームの観客を前にして、試合を壊してしまったらどうしようかとひるむ、あるいは自分への期待に押しつぶされるような感覚はなかったのかと訊ねると、「全然考えていなかったです」と微笑んだ。

「（前の投手が）ランナーを残して交代するときってありますよね。ぼくが出ていって、そのランナーが帰ったとしても、それは前のピッチャーの責任、という感じでした」

もちろん、その当時はそんなことは言えませんよ、と手を振った。

「でもそのくらいの気持ちで行かないと。毎日なんで持たない」

九三年シーズンから投手コーチとなった堀内恒夫から受けた助言も石毛の肚に落ちるものだった。

「チームが勝てば形はなんでもいい。三点差だったら三人目をホームに踏ませなければいい。三人目が三塁まで行ったとしても、本塁を踏ませなければチームは勝つ」

それから石毛は、どの打者でもっともアウトを取る確率が高いのか、を常に考えた。二死になったとしても、勝ちを急がない。次の打者が相性がいい場合は無理をせず四球で逃げる。

「ダルビッシュ(有)とか田中マー君とか、コントロールが良くて球が速いというのは化け物。普通、球が速いというのは諸刃の剣なんです。強く腕を振れば振るほど、コントロールは悪くなる。ぼくはコントロールよりもスピード、強さを求めて全力で投げていた。だから、堀内さんの言葉で救われたんです。フォアボールをいくら出そうが、押し出しになろうが、最後の一人を抑えればいい。誰に何を言われてもそれを貫き通した。折角セーブを獲らせる場面で出してくれているので、同点にしたら駄目。どうセーブを守ったまま勝つかということに頭がシフトして行ったんです」

投手は負けず嫌いで、自分の数字に拘りがある。マウンド上では淡々と無表情を保っていたとしても、他球場で防御率を争っている投手が打たれたときには、グローブを叩いて喜ぶものだ。そんな中で石毛は異質の存在であった。

「世間的にはセーブを獲っていけばセーブ王になれる。名誉ですよね。でも、ぼくの中では、欲しいものではあるけれど、別にそこまで、ではなかった。(セーブという)数字が給料に換算されることもなかったですし」

石毛はマウンド上と同じように淡々とした調子で言った。

自らの成績よりもチームの勝利が大切である。石毛がそうした考えになったのは、当時のジャイアンツの空気によるものもあったろう。

七

話を石毛のジャイアンツ入団直後に戻す――。

「野球と関係ないことなんですけれど、入ってまず受けさせられたのがマナー教室なんですよ。（春季）キャンプが終わって（都内に）帰ってきてすぐなんですけれど、新人だけでフレンチを食べに行くんです。ナイフやフォークを使うのは外から。スープは音を立てずに飲む。スプーンはこう倒して使うとか。神宮外苑の近くにあったフレンチの店に新人全員が集められてマナー教室です」

ジャイアンツには移動の際のきまりがあった。

「球場に来るのもジーンズとTシャツは駄目。ジャージやサンダルはもちろん駄目。ゴルフ場に行って恥ずかしくない格好というのが最低限です。襟付きのシャツにパンツ。移動はスーツ。ぼくたちのときは球団（指定）のスーツは公式の集まりのときだけだったので、移動は自分のスーツです。そのときに、アルコールを飲むのも、マンガも週刊誌も駄目」

禁止事項が書かれた文書は存在しない。先輩が新しく入った後輩に教え、伝えられてきたジャイアンツの掟だった。

「ぼくの場合だと、一個上の後藤（孝志）さん、キャッチャーの杉山（直輝）さん、二つ上の緒方耕一さんとか。先輩の姿、背中を見て覚えていくんです」

集合時間にも「ジャイアンツタイム」があった。

「だいたい出発前の三〇分前にはみんな集まっているんです。みんな揃ったから、早く出発しようか、と。事故や渋滞など何があるか分からないからって。ミーティングでも一五分前にはみんな集まっているんです。定刻に始まるのならばぎりぎりでもいいんですけれど、早く集まれば、早く始まるんです。みんなが集まるときがジャイアンツタイム。最初は先輩から早めに来いよって言われました。で、それをやっているうちに身についてくるんですね。早めに着くのが当たり前になってくる」

余裕を持って行動することは、石毛の習いとなった。

「ぼくはよみうりランドの方に住んでいたんですけれど、車で東京ドームに向かいますよね。中央道が空いていれば西神田（の高速出口）で降りて四〇分ぐらいで着くんです。でも新宿や外苑あたりが混んでいたりすると、一時間、下手すると一時間半掛かっちゃうこともある。だから一時間半前に出る。早め早めにスタートするのが普通になりました。人との待ち合わせでも早く行って待っていたほうが気が楽。待たせるのが嫌じゃないですか」

そうした空気が少し変わったのは、九三年シーズンオフに、ドラゴンズからフリーエージェント制度で落合博満が移籍してきてからだ。

落合は徹底した合理主義者である。その落合の行動規範はジャイアンツのしきたりに収まらなかった。

落合の影響を真っ正面から受けたのが、九三年からジャイアンツに入って来た松井秀喜だった。石毛は松井の〝教育係〟を任されていた。

「一軍ではぼくが一番下だったんで、（先輩から）教えていけよ、（ジャイアンツの伝統を）繋いでいけよって言われていました。松井は寮にいたので、ぼくが運転して一緒に通っていたんですよ」

ある日、夕方の五時集合となっていた。他の選手はいつものように一五分前から集まっていた。五分前になって松井がようやく現れた。先輩選手に促されて石毛が「遅いぞ」と松井に注意すると「えっ、まだ五分前ですよ」とこともなげに言った。

「松井には悪気はないんです。落合さんがやりだしたんで、松井が真似をしたっていう。やっぱりよその血が入ってくると、そっちのほうがいいよね、そっちが楽だよねってなってしまうんですよね」

もっとも落合の加入は、ジャイアンツに落ち着きと強さももたらしたとも考えている。

「落合さんがファーストを守っていて、ピンチになるとタイムを掛けてこちらに来るんです。それでファーストミットでパンとケツを叩く。それで何も言わずに去って行く。無言の叱咤をいつもいいタイミングでくれるんです。迷っていたり、焦っていたり、いつもと違うときに来てくれる。パンと叩かれて平常心に戻る、みたいな」

九五年から石毛の背番号は「二四」へとなっている。かつて宮田がつけていた背番号だった。マウンドの上に加えて、彼のジャイアンツの選手らしい振る舞いが認められたのだろう。

しかし――。

そんなジャイアンツでの生活は突然、打ち切られることになる。

八

自分の周りで何かが動いているとはっきりと感じたのは、九七年の正月のことだった。

「一二月ぐらいから、石井浩郎さんが近鉄（バファローズ）とは契約しない、トレード先を探しているという報道が出ていたんです。それで横浜の三浦大輔、巨人ならば石毛の交換を考えていると書かれていました。正月にハワイに行って日本のスポーツ新聞を見てたら、ぼくの名前がバンバン出ている」

九六年シーズン、石毛は四勝一敗三セーブという成績だった。前年からクローザーとなっていた西山一宇《かずたか》が不調。石毛がセットアッパーからクローザーに戻ったが、調子は上がらなかった。日本シリーズで初めてセーブを挙げたものの、年俸減を提示され、それを飲んでいた。来季の契約を結んでいる自分の名前がなぜ紙面に出るのか、と石毛は首を傾げていた。

ハワイから帰国した一月一〇日、ジャイアンツのコーチが主催するゴルフコンペに石毛は参加していた。

「ハーフ（ラウンド）が終わったとき、フロントから石毛さんに電話ですって呼び出されたんです。今から事務所に来られるかっていうんです。ぼくは今、コンペに出ているっていうと、大事な話だからって。それでコーチに、たぶんトレードの話です、事務所に行って来ますと謝ってから出ました。事務所に行くと近鉄からトレードの話が来ている、すごくいい話だからって。背番号もいい番号になるし、先発もやらせてくれるみたいだぞって話を一方的にがーっとされたんです」

自分は先発をやりたいなどと言ったことは一度もないとむっとした。そして、すでにバファローズとの間で自分が移籍するという前提で交渉を進めていたことを感じた。

「ぼくが受けると思っているんですかって言いました。ぼくはもう契約終わっていますからって。するとこのトレードを受けないと任意引退選手になる、野球が出来なくなるよって。ぼくはコーチ主催のゴルフコンペに招待されて行っていたんです。それなのに突然、呼び出されて一方的にトレードだって言われる。そんなの即答できませんよって答えました。（野球を）辞めることも含めて考えますって、帰ったんですよ」

ジャイアンツの事務所から出て、車を運転していると次第に冷静になってきた。

自分はまだ二六歳。まだ野球を続けたい。バファローズには赤堀元之という同じ年のクローザーがいる。赤堀は九二年から九四年までパリーグのセーブタイトルを獲得していた。バファローズが自分を欲している理由が分からない。だから先発として考えているという話が出たのか。しかし、自分は先発での実績がない。

石毛の後、吉岡が事務所に呼ばれた。高校時代、練習試合で石毛から本塁打を打った選手である。

「吉岡は（出場機会が増える）チャンスだと思って、ありがとうございます、行きますと即答したんです」

次の日、スポーツ新聞を見て石毛はうんざりとした。

「石毛がごねているという風に一面で書かれていたんです。ごねるも何も即答しなかっただけなのに」

トレード通告の数日後、バファローズの監督だった佐々木恭介が上京し、吉岡を交えてホテルで食事をすることになった。

「吉岡はやる気満々でした。佐々木さんは、ぼくのことを躯も大きいし、先発をやらせて可能性を見出したいと。背番号も含めていい条件を出すので是非来てくれと懇々と説得されました。佐々木さんは男気がある熱い人で、その頃には野球を辞めるという選択肢はなくて、近鉄に行くという気持ちは固まっていました」

ただ、先発投手として責任を果たせるかは分からないと念を押した。

「先発として一軍で一試合も投げたことがないので自信がないですと」

佐々木はそれでもいいと返した。もはや断る理由はなかった。

バファローズでは背番号一七が与えられた。石毛がまず面食らったのは、グラウンド外での行動だった。

「巨人は団体行動が基本です。でも近鉄は駅で集合して、貰っているチケットを一本前の列車に替えて早く帰ったりしているんです。（球団から渡された）近鉄電車のチケットの差額を払って新幹線で帰る選手もいました。移動中に漫画は読むし、酒は飲む。先に香田さんが（トレードでジャイアンツからバファローズへ）行っていたのである程度、情報は入っていたんですけれど、それでも滅茶苦茶戸惑いました。こんな自由な球団はないなって思ったけど、野球はすごく楽しかった。言うことは言うけど、やることはやる。有言実行の野武士の集団。凄いなとは思いました」

バファローズの一年目となる九七年シーズン、佐々木は約束した通り、石毛を先発に起用した。

しかし——。

「一三試合で先発させてもらったんですが、四勝しか出来なかった。(ジャイアンツ時代)リリーフとなるために色んなものを削いでいった。やはり昔、捨てたものを拾えなかったんです」

拾えなかったものとは何ですか、と問うと首を傾げて少し考えてからこう言った。

「(先発投手としての)スタミナや(長いイニングを投げる際の打者との)駆け引き。自分の力の出し具合」

先発投手の場合、全力投球するのは三割程度。鍵となる打者にだけ、力いっぱいの球を投げ、下位打線には適度に力を抜いて、体力を温存していく。その加減が分からなかったのだと石毛はいう。

「一週間に一回しか投げられないというのも嫌でした。三イニングでノックアウトされても、勝っても一週間投げられない。今まで巨人でやってきたことが全く生きない」

先発投手としての頭の切り替えが下手くそでしたね、と石毛は自嘲気味に呟いた。

九

二〇〇一年シーズン、中村紀洋、タフィ・ローズ、磯部公一、そして吉岡などの強打者を揃えたバファローズはリーグ優勝を成し遂げた。石毛はセットアッパーとして、二五試合に登板、三勝一敗二セーブを記録している。

シーズン終了後の練習を見て、石毛はジャイアンツとの違いを感じたという。

「みんなちゃんとやっていたとは思うんです。でもぼくからしたら（気持ちが）抜けた練習でこれじゃ、勝てないよって。巨人では春先のキャンプからミーティングでは、シーズン優勝は当たり前、日本シリーズをどう戦うかということを目標として掲げていた」

やはりバファローズはヤクルトスワローズに一勝四敗で敗れた。

翌二〇〇二年シーズン終了後、石毛はバファローズから戦力外通告を受けた。

「ヤクルト、ロッテのテストを受けたけど、その日のうちに契約出来ませんって返事がありました。もう終わりかなという感じのときに、阪神（タイガース）から明日、テストがあるから来ないかって」

石毛は「行きます」と即答した。

「巨人にいた自分が阪神の縦縞（のユニフォーム）を着るなんて考えたこともなかった。でもまだ野球を続けたいという藁にもすがる思いで、次の日に阪神のテストを受けに行ったんですね」

ブルペンで投げていると、後ろから「まだ行けるやないか」という声が聞こえた。監督の星野仙一だった。

「それがすごく嬉しかった。自信になりました。ブルペンでの投球も凄く良かったんです。すでにテストで獲る選手が二人決まっていたらしいんです。その一人を削ってでも石毛を獲るって星野さんがおっしゃったと後から聞きました」

二〇〇三年シーズン、タイガースは開幕から勝利を重ね、首位をひた走った。七月末の段階で二位に一七・五ゲームの差、そのまま一八年ぶりのリーグ優勝——。

「最初は二軍にいたんです。上の（投手の）メンバーがいなくなったので、一軍に上がって金澤（健人）と敗戦処理をやっていました。一七試合に投げました。日本シリーズでも投げられて。すごい年でしたね。二〇〇二年にクビって言われて、翌年に優勝ですから」

タイガースもまたジャイアンツと全く違う土壌を持った球団だった。

「良い面では、ファンと一体感がある。九人のはずなのに、一〇人で野球をしている。悪い面では、巨人になるために背伸びをしているとも言えます。実力が伴っていないのに人気がある。もうちょっと頑張れば、という選手、勘違いしている選手が多い」

二〇〇三年、チームの舳先を正しい方向に向かわせたのは、石毛と同様にこのシーズンに広島から移籍してきた金本知憲《ともあき》だった。

「それまでは試合が終わったら、選手は風呂入って帰っていたんです。ところが、金本さんは試合にずっと出ていたのに、終わった後に室内（練習場）の（バッティング）マシンでカンカン打っている。最初は若手たちもそういうのを見ながら通り過ぎていたんです。途中からやったほうがいいと思ったんでしょうね、居残りで練習したり、ロッカーでスパイクやグローブを磨く奴が増えて、帰るのが遅くなっていった。ああ、やっぱり外からの血って大事なんだな。いい人たちがこのチームに来たんだなと。打者では金本さんや片岡（篤史）さん、ピッチャーでは下柳（剛《つよし》）さんがそういう存在でした」

このタイガースでの優勝が石毛のプロ野球選手としての最後の輝きとなった。

二〇〇五年四月のことだ。

石毛は福岡市の雁の巣球場で福岡ダイエーホークス戦に登板していた。

「その日は滅茶苦茶調子が良かったんですよ。早く一軍に上がりたかったので、腕をバンバン振って投げてました。うわー、これ、今年一番いいわって思っていたんです」

石毛の記憶では二イニング目だったという。投げた瞬間に腕が重くなるような感覚があった。

「音はしなかったですけど、違和感があった」

しばらくして肘が腫れてくるのが分かった。

「痛くて投げられるような状態ではなかったです。タイムをとって、もう投げられませんって」

右肘の靭帯が断裂し、内出血していた。

「それまでの振りだったら大丈夫だった靭帯が、腕を振りすぎて、部分断裂してしまった。蝋燭が消える間際にぱっと明るくなるじゃないですけど、そんな感じだったのかもしれません」

精密検査の結果、手術の必要はないと診断された。五カ月間安静にして、九月に投球を再開した。

「自然治癒したんです。でも腕を振るのが怖い。また切れるんじゃないかって恐れが頭にある。一四〇キロぐらいは出るんですけれど、自分が思っているストレート、空振りが獲れるストレートじゃない。ファールされるんです。ああ、限界なんだろうなって。若い頃からストレートで空振りを獲れなかったら引退しようと思っていたんです。もう通用しなくなったんだ、それを認めなきゃって」

ドラフト指名回避の原因となった右肘が、引退を決意させたことになる。通算一四年間、三七五試合に登板、三四勝二九敗八三セーブという成績だった。

石毛がプロ入りした八八年のドラフトでジャイアンツから指名された選手で石毛よりも長く現役を続けたのは、一位指名の吉田修司だけである。先発投手として期待された吉田はジャイアンツでは結果を残すことが出来ず、九四年にホークスに移籍、セットアッパーとして生き残ることになった。そして、二〇〇七年、ホークスからオリックス・バファローズに移り、現役引退している。

石毛は独立リーグ『ベースボールファーストリーグ』の『06BULLS』でコーチを務めた後、現在は富山県の『バンディッツヤング』という少年野球チームで教えている。

石毛 博史（いしげ・ひろし）

1970 年 7 月 13 日、千葉県出身。市立銚子高校で甲子園出場は叶わず。卒業後は社会人野球の住友金属鹿島に内定していたが一転、88 年オフにドラフト外で読売ジャイアンツに入団する。藤田元司監督の下で 92 年に 52 試合に登板、5 勝 3 敗 16 セーブ、防御率 1.32 の好成績を残しリリーフとして地位を確立する。長嶋茂雄監督が就任した 93 年には 30 セーブを挙げ、最優秀救援投手のタイトルを獲得した。95 年以降は思うような結果が残せず、97 年にトレードで近鉄バファローズへ移籍。先発転向するも、その後は再びリリーフとして 2001 年のリーグ優勝に貢献した。03 年からは阪神タイガースでプレーし、05 年に現役引退。関西独立リーグの大阪ゴールドビリケーンズ投手コーチ、2012 年からはベースボールファーストリーグの 06BULLS でのコーチを経て、現在は富山県の『バンディィッツヤング』という少年野球チームで指導を行っている。

「中学生に（プロ野球の）スカウトの人ってどういうところを見ていると思うかって訊くんです。彼らはホームランを打つとか足の速さとか答える。でもそうじゃないって教えてます。知らない人と会ったときに、この子はどういう挨拶をするんだろう、グラウンドの整備をきちんとやっているか、そういうのを見てるよ。昔は野球馬鹿でも良かったけど、今はいらない。問題を起こすとSNSですぐ出る時代。そういう人間は野球が幾ら凄くても入れないんだよって」

野球の技術にしたって、人間が出来ていなかったら、上には行けないと思うんですよと石毛は静かな声で言った。彼の躯にはドラフト外で入った古き良きジャイアンツ時代の教えが染みついているのだ。

CASE 3

亀山努

87年ドラフト外
阪神タイガース

一

内野ゴロであってもセーフになる可能性があると見れば一塁ベースに頭から飛び込む。守備ではヒット性の外野フライに全力で走り、精一杯腕を伸ばして球に食らいつく――。ユニフォームを泥だらけにして這い上がろうとする亀山努の姿は「ドラフト外」という言葉とぴったりと重なり合う。

亀山は一九六九年七月二日、大阪市港区弁天町で一卵性双生児の兄として生まれた。

「親の話によると、一人が右に行ったら、もう一人も一緒に行くという感じじゃなかったらしいですね。ただ、青と赤の何かを選ぶというときは、一人が青って言ったら、ぼくも青って。逆に一人が赤って言ったら、もう一人も赤。自分は逆がいいと思っていても、同じ方を指すらしいです」

双子は口に出さなくてもお互いに通じ合うことが出来るんですか、と問うと首を振った。

「ぼくらはなかったですね。ただ、生活環境がずっと一緒だったから、だいたい何を考えているのかは分かりましたね。阿吽の呼吸はあるにしても、それ以上のことはないです」

二人の見分け方は利き腕だった。亀山は右、弟の忍は左利きである。

両親は共に奄美大島出身で、父親は高校まで軟式野球をやっていた。息子たちは三歳になった頃、玩具のグローブとバットを買い与えられた。

「親父は右投げ右打ちなんです。親父が右打ちのまま教えると、弟は左投げ右打ちになるじゃないですか。それではまずいということで、左打ちを教えたんです。それを見ていたぼくも左打ちになってしまった。左打ちは別に不利じゃないから、放っておけ、みたいなもんです。ぼくは最初から左打ちなんで、右では打てないんです」

一家は弁天町から高槻市へ、そして小学三年生のときに枚方市に転居。そこで二人は「枚方リトルリーグ」に入ることになった。

大阪市と京都市のほぼ中間に位置する枚方市は、大阪の衛星都市として発展した。七六年に人口三〇万人を超え、その後も右肩上がりに住民の数は増えていた。亀山の記憶によると、小学校は一クラス五五人で九組まであったという。枚方リトルも三年生から六年生まで合わせると一二〇人を超える大所帯だった。

「A、B、C(チーム)ってあって、まずはCのレギュラーを獲りました。(野球が)上手かったかどうかは、よく分からないです。足は普通より速いぐらい。運動会では一着でしたけど、リトルリーグの大会に行けば自分よりも速いのはいっぱいいる。そう目立った選手ではなかったです」

将来の夢は、高校野球で甲子園に行くことだった。枚方リトルの卒業生は近畿大学附属高校へ進学することが多かった。近大附属は豊田義夫が監督を務める強豪校だった。近大附属で甲子園を目指すという道筋を朧気《おぼろげ》に描いていたのだ。

「昔は一家にテレビが一台。親父が仕事から帰ってきたら間違いなくプロ野球を見ますよね。だから自然と野球を見る環境で、自分が野球をやっていて。でも、(夢は)プロ野球じゃなかったんです。それより甲子園に行きたい、みたいな」

贔屓《ひいき》のプロ野球球団もなかった。

「あの当時は阪急(ブレーブス)が強くて、人気は阪神(タイガース)。みんなが阪神だ、巨人だ、阪急だって言っているから、敢えて岡本太郎デザインの近鉄(バファローズ)の帽子を被ってました。なんかマイナーなところがいいじゃないですか。近鉄の中では、栗橋(茂)さんが好きでした。理由はないです。なんとなく好きでした。変わり者が良かったんでしょうね」

栗橋は駒澤大学から一九七三年のドラフトでバファローズから一位指名された左打ちの強打者である。五年目から四番に座り、主軸打者となった。亀山が小学四年生のとき、バファローズは初めてのリーグ優勝を成し遂げ、栗橋は三二本の本塁打を記録している。その残像が亀山の頭の中にあったのかもしれない。

「栗橋さんの他、阪神の掛布(雅之)さん、広島(東洋カープ)の高橋慶彦さんとかいい左バッターは好きでした。どのチームでも良かったんです」

学年が上がるにつれて、Bチーム、Aチームで試合に出場するようになった。

「Aチームでは五番を打ってました。身長は一五〇センチあるかないか。足はそれなりに速かったけど、そこまでブイブイいわせるような選手ではなかったです。リトルリーグは連投できないというルールがあるので、B、Cではピッチャーとしても投げてました。基本はサードです」

野球の盛んな大阪で揉まれていた亀山兄弟の境遇が一転するのは、小学六年生の夏のことだった。亀山の祖母が脳梗塞で倒れたのだ。生まれ故郷で祖母の面倒を見たいという母の希望で一家は、奄美大島に移ることになった。

二

奄美大島は鹿児島から南へ約三八〇キロの海上に位置し、日本の離島の中では、沖縄本島、佐渡島に次いで三番目に大きな島である。一年を通して温暖多湿な気候で、マングローブの原生林があることでも知られる。

「他の学年は一学年に六、七クラスだったんですけれど、ぼくの学年は一学年一クラスでした。その一クラスが二〇人。初めて双子で一緒のクラスになったんです。都会では大体、双子は別にするでしょ。ぼくのほうが頭は悪かったんです。それまではうちの先生が教えるのが下手なんやって逃げていたんですけれど、もう逃げ道がない」

教える先生は一人だからと笑う。

「小学校にはチームがなかったんで、卒業までは放課後に野球をしてましたね。あとは近所に親戚や親父の知り合いがいっぱいいたので、一緒にソフトボールの大会に出たり」

中学校に進むと野球部に入った。一学年約一〇人のこじんまりとした野球部だった。

「中学も一学年一クラスしかなくて、一クラス三〇人。男子の部活はバレー部と野球部しかなかったんです」

亀山は一年生から、七番一塁手として試合に出場した。

「(野球部)顧問の先生は全然野球を知らない人でした。顧問の息子が四番。雲出てきたな、雨降りそうだな、よし、今日は練習中止だって、いうチーム。だから一瞬、バレー部に行こうかと思ったこともあります。バレー部の先生が熱心だったので、基礎体力を作るのならばそっちのほうがいいんじゃないかって」

中学二年生になったとき、父親の同級生が教師として新しく赴任した。

「それからぼっこぼこにしばかれましたよ。昔はみんなそうですけれど、親父は(顧問に)煮るなり焼くなり、好きなようにしてくれっていう人でしたから」

亀山が内野手、弟の忍が投手として引っ張る形で中学三年生の夏には奄美市の大会で優勝している。

また、生徒数の少ない島嶼《とうしょ》地区の学校ではよくあることだが、他の競技の大会にも駆り出された。

「まあ、色んな試合に出ましたよ。陸上競技会、駅伝大会。音楽発表会も出ました。あれはなんていう楽器やったんやろ。木管のでっかいのをブォーって吹く奴。先生に教わって一生懸命練習していましたよ。運動会も一学年一クラスしかないから、全部の種目に出なきゃいけないんです。忙しかったです」

ただし、一学年三〇人の中でも、自分は抜きん出た存在ではなかったと亀山は振り返る。

「一人、足が滅茶苦茶速い奴がいたんです。運動神経が一番良くて、田舎のスーパースターです。同じ野球部でした。そいつがダントツで一番、ぼくと弟が二番、三番。ヨーイドンで走って、内側（のコースに）入ったほうが勝ち、みたいな」

忍は劣等感を掻き立てる存在でもあった。

「弟はぼくよりも勉強が出来たんです。クラスで二番か三番しか獲ったことがない。ぼくは下から三番目か四番目。全然違うんです」

その差を中学三年生の夏に突きつけられることになる。二人とも高校に進み野球を続けるつもりだった。ところが父親から地元の大島高校に入らなければ、野球をやらせないと言われたのだ。

「大島は（奄美大島で）一番野球の強い学校なんですよね。そして一番勉強が出来る学校でもあるんです。ぼくは中三の夏から受験まで、ずっと塾に行ってました。毎日、夜中の一二時まで毎日勉強です。あいつ（弟）は中三の夏、大阪へ遊びに行ってましたからね」

そんなとき、鹿屋中央高校という鹿児島県鹿屋市の私立高校から誘いがあった。

「鹿屋中央の教頭先生が奄美大島出身の方で、島出身の選手を獲りたいと考えていたそうです。その教頭先生の弟が、ぼくらとは別の中学ですが、島で先生をやっていた。その先生は陸上部（の顧問）で、ぼくらの話を耳にした。大阪から引き上げて来た亀山兄弟っていうのが、野球だけじゃなくて色んな競技に出ている。運動神経いいよって。その方は野球のことは全く知らなかったはず。せいぜい野球部の生徒にぼくらのことを聞いたぐらいでしょう」

生徒数の少ない中学校で陸上競技の大会に出ていたことが、亀山の人生を変えることになったのだ。

三

鹿屋中央高校は一九六八年に鹿屋商業高校として歴史を始めている。八一年に調理科を設置、八三年に鹿屋中央高校に名称を変更していた。

「弟は調理科でぼくは商業科（の入試試験）を受けたんです。だけど、調理科ならばその点数でも特待生で行けますという話になって、じゃあそっちに行きますと。今考えれば、調理科で良かった。商業科ってぼくの一番苦手な数学があるんですよ。なんで商業科を受けたんだろうって」

単純に商業科ならば女子が多いと思ったんだろうなと呟いて、くすくすと笑った。

入学してすぐに、亀山はポジションを変えられている。

「ぼくのやっていたサードとショートに鹿児島実業と鹿商工（鹿児島商工、現・樟南）を辞めて転校してきた人がいたんです。その人たちが主軸だったんで、お前、キャッチャー出来ないかって話になった。そのときのキャッチャーは肩が弱くて、絶対に盗塁刺されへんやろっていうぐらい、（二塁まで）ワンバンで投げるような人しかいなかった。中学生のとき、弟の球を受けてましたっていうと、キャッチャーやってくれと。肩も強かったですし」

一年生から四番捕手として試合に起用。二年生は三番遊撃手、そして三年生が抜けて新チームになると亀山は一番三塁手を任された。

「だんだん打順が前になって行くというのは、出世しているのか、そうでないのか、どっちやねん、ということですね」

亀山はおかしそうに言った。

最上級生となってからチームは面白いように勝ち始める。

一〇月に行われた九州高校野球大会鹿児島県予選で鹿屋中央は四試合連続でコールド勝ち。準決勝も六対二で勝利。九州高校野球大会への出場権を初めて手にした。続く決勝でも鹿児島商業を三対二で下し、初優勝を飾っている。

九州大会初戦、鹿屋中央は大分雄城台を九対一の七回コールドで下した。次の長崎県代表の波佐見に勝てば、ベスト四となり翌春の選抜大会への出場権をほぼ手中に収める。甲子園で野球をするという亀山の夢まであと一勝だった。

「長崎は海星が強くて、長崎商業が第二代表。普通だったら各県二位までしか出られないんです。このときは長崎開催だったので三校出られた。だから、ハサミってなんや、みたいな。ぼくらは田舎の学校で（情報がないから）もう楽勝だ、行ける、みたいな感じでした」

新チーム結成から練習試合を含めて二〇連勝。チームの雰囲気は良かった。

ところが波佐見の投手、片桐に苦戦する。片桐は九州大会一回戦、二回戦でそれぞれ八、一二の三振を奪っていた好投手だった。

二回に鹿屋中央が一点を先制、六回に波佐見が同点に追いつき、延長戦に入った。ようやく一二回表に一点を勝ち越す。一二回裏、二死二、三塁となり、鹿屋中央の応援席からは「あと一人」という掛け声が起きた。

〈ボールが2球続いたあとストライク。捕手中窪は4球目を内角低めに構えている。だが亀山忍の左腕から繰り出された白球は、高めに浮いて甘いコースへ。それまでの4打席、完全に抑えられていた波佐見の九番中島のバットが初めて快音を発した。

「棒球です。投げた瞬間、しまった、と思った」。試合後、うずくまって頭をかかえ込むナインの中で、亀山忍は唇をかみ最後の一投を振り返った〉(『南日本新聞』一九八六年一一月一一日付)

亀山はこう振り返る。

「あとワンアウト獲ったら甲子園。そのとき、ぼくはサードを守っていて、ぼくの後ろにボールが飛んで行って、ポテンヒット。コロコロって転がって二点入ったんです」

試合後、自分は泣かなかったと亀山は強い調子で言った。

「まだ(三年生の)夏があるのに、なんで泣くのって。夏にやり返せばいいでしょう。いいところまで行っても負けは負け。じゃあこの負けを次、どう取り返すかというほうが大事だから」

その目論見は予想もしなかったところから崩れることになる――。

四

この九州大会の好成績により鹿屋中央は有力校の一つとして認められ、多くの練習試合が組まれることになった。

「一日三試合とかするんです。朝一試合、昼過ぎ一試合、最後（午後）三時から四時に一試合って。一試合目と三試合目はサードとして出て、なぜか二試合目のBチームでもぼくは、出てるんです。Bチームのときはピッチャーかキャッチャー。他のレギュラーの選手は休んでいるんです。いい加減にしろって感じじゃないですか」

亀山は口を尖らせた。

「ピッチャーとしては三番手か四番手でした。球は速くて、一四一、二（キロ）は出ていたと思うんですけれど、野手なんでボール（の回転）がめっちゃ綺麗なんですよ。綺麗なボールだから、ぼくのボールはめっちゃ飛ぶ。だから大会前はバッティングピッチャーもやらされてました。みんなに気持ち良く打たれてましたね」

他県の強豪校とも対戦している。

「招待試合っていう形で（東京都の）帝京高校と（長崎県の）海星が来たんです」

海星の投手は堀幸一だった。

「堀の投手起用は夏の（大会に向けた）秘密兵器だったんです。で、ぼくは堀からホームランを打ったんです。調子こいていたら堀に二本（本塁打）を打たれた」

堀はこの年のドラフト会議でロッテ・オリオンズからドラフト三位指名されることになる。

帝京との対戦はなかったが、芝草宇宙のフォークボールに亀山は目を見張った。

「そのときフォークは一般的ではなくて、どんなボールやっていう感じでしたから。（芝草は）女の子からキャーキャー言われていて、ぼくらは、なんじゃこりゃってメンチを切っていました」

すでに甲子園で注目されていた芝草を亀山たちは羨望と嫉妬の混じった目でにらみ付けていたのだ。

芝草、堀といったプロ野球のスカウトから目を付けられる選手と接近し、自分も、という気持ちにならなかったのか。すると亀山は強く首を振った。

「プロは頭になかったです。とにかく夏、甲子園に出たいというのが強かったですね」

しかし――。

五月末のことだった。

「学校のトイレを出ようとしたとき、友だちがふざけて弟を押したんです。よろけた弟はガラス窓に腕から突っ込んでしまった。そして割れたガラスがギロチンみたいに落ちてきて、左手の甲に突き刺さった。手の腱を切ってしまったんです」

この怪我により、忍の左手の小指と薬指はしばらく動かなかった。

「不慮の事故です。だから可哀想ですよ。でも、そのときは可哀想だねって（気遣える）性格じゃなかった。お前、エースやろ、何、怪我してるんだって。あいつがある程度、抑えてくれないと勝てない。奴の調子が悪くて打たれると、もうそのままずるずる負けるというチームでしたから」

夏の鹿児島県大会前、南日本新聞はこう書いている。

〈優勝争いは、第1シードの鹿児島商を筆頭に、鹿児島実、鹿児島工などが有力視され、これに玉竜、鹿屋中央、鹿児島、鹿児島城西あたりが絡んできそうだ。

（中略）

第4シードの鹿屋中央は、エースの亀山忍が負傷して、苦戦が予想される。しかし本来は亀山努ら主砲の長打力が光る打のチーム。投の穴を打がどこまでカバーするかが上位進出のカギを握る。初戦の内容が注目される〉（一九八七年七月二日付）

まずは初戦で加世田を八対二で下す。一番三塁手として出場した亀山は四打数二安打、本塁打を一本打っている。そして続く出水中央を五対二、鶴丸を九対五で下した。

準々決勝の相手は玉龍だった。

試合は序盤から打撃戦になった。初回、玉龍が二点を先制。続く二回にも一点を加える。一方、鹿屋中央は二回裏に亀山の左中間への三塁打などで四点を挙げて逆転。

しかし、鹿屋中央の投手、萩原の調子が上がらなかった。外野手の彼は忍の負傷により、投手に起用されていた。そこで二番手として亀山がマウンドに登ったが、やはり失点を喫した。急遽、次の準決勝から復帰予定だった忍が登板することになった。

再び南日本新聞を引用する。

〈八回には今大会初登板の鹿屋中央・亀山忍が自ら右越え二塁打を放ち2点を挙げ、延長戦にもつれ込んだ。

九回以降、坂元、亀山忍両投手の緊迫した投げ合いとなったが、玉竜は十四回表、上川の左前安打から無死満塁の好機に、有川が投前にスクイズを決めて1点、送球がそれる間に二塁走者もホームインして2点目を挙げ、今大会3度目の延長戦に終止符を打った〉

投手の躯は繊細なガラス細工のようなものだ。忍の指は動くようになっていたが、かつてのような一四〇キロを超える速球は投げられなかった。

こうして亀山の甲子園への道は閉ざされることになった。

「どっちかというと弟には半分怒りですよ。ずっとエース抜きで戦わなきゃいけなかったんです。よく頑張りました、っていう話じゃないですよ。甲子園行きたかったわけですから」

五

大会が終わった後、亀山は頭から野球を消し去っている。

「ぶっちゃけた話、もう野球はお腹いっぱいでした。ああ、終わったわって。これで練習に行かずに寝てられるって思ってましたね」

野球部から〝引退〟した亀山が力を入れたのは音楽活動だった。

「高校一年の秋ぐらいからバンド活動をやっていました。BOØWYのコピーです」

『BOØWY』は氷室京介や布袋寅泰により一九八一年に結成されたロックバンドである。

担当楽器はベースだった。BOØWYのベーシスト、松井恒松と同じようにピックを下方向に叩いて音を出す、ダウンピッキングの連打を練習していた。

「指二本で弾くとか、(ピックを)アップダウンでやればいいのに、あの人は上からしか叩かない。すごいしんどいんですよ。強化トレーニングだと思って、必死に練習していました。だからリストは強くなったんじゃないですか」

坊主頭のBOØWYでしたよと、フフフと笑う。

社会人野球の王子製紙米子硬式野球部から亀山と忍に来ないかという誘いがあった。二人は鳥取県へ行き、練習に参加することにした。後日、忍は正社員、亀山は準社員として採用するという連絡が来た。

「〝なんでやねん〟って。弟が正社員で俺は準社員っていうのは、プライドが許さないですよ。無理無理って断りました。弟も大阪の専門学校に行くって断った。すると、弟が断るならば、お兄さんを正社員でっていう話になったんです。ちょっと待ってよ、なんじゃ、そら、みたいな」

亀山は進路相談で『餃子の王将』に行くのだと話したこともあった。

「そんなに調理を突き詰める気もなかった。王将は給料が良かったんです。全国チェーンだから店長になったら、色んなところに行けるじゃないですか。そんな浅はかな考えだったんですよ」

進路担当からは、自衛隊の一般曹候補生に応募したらどうかと薦められた。それも悪くない、と考えていたとき、阪神タイガースから会いたいと連絡があった。

タイガースのスカウトだった渡辺省三が、忍を見るために鹿屋中央の練習や試合に来ているという話は耳にしていた。ところが、渡辺が欲しいというのは兄のほうだという。そう聞いたとき、亀山は心の中で「そらみろ。プロのスカウトはちゃんと分かってくれている」と呟いた。王子製紙米子工場から弟の補欠合格のような形で扱われていたことに腹を立てていたのだ。

しかし、プロ野球に進む気はなかった。

「すぐに無理ですって断りました。自分はプロでやる才能はないですって。甲子園にも出られない田舎の高校の選手ですよ。ましてやぼくはバッター。（プロ野球になると）金属バットから木のバットになる。自分のパワーでは無理。そのとき自分は足でバンバン売る選手じゃなかった。走る選手だと思われたくなかったんです。ドカーンって打つ選手のほうがいいじゃないですか」

亀山を説得したのは父親だった。

「日本で一番レベルの高いプロ野球で自分がどこまで通用するのか、ダメ元で、大学に行ったつもりで一年でも二年でもやってみたらどうやって。それで、じゃあ行ってみましょうということです」

ドラフト会議が近づくと、具体的な順位の話が出るようになった。

「ドラフト六位で指名する予定だって言われました。ただ、ドラフト（上位指名）の関係で、（六位で）ピッチャーに行くかもしれない。その場合は亀山君は〝外〟で獲りますと」

一一月一八日、千代田区のホテルグランドパレスで「新人選手選択会議」が行われている。タイガースが一位指名したのは、東亜学園高校の右腕投手、川島堅だった。抽選の結果、タイガースは交渉権を逃し〝外れ一位〟で、社会人の九州産交硬式野球部の投手、野田浩司を指名した。二位は横浜高校の外野手、高井一、三位に東邦高校の捕手、山田勝彦、四位の大牟田高校の投手、宮脇則昭と続いた。

このドラフト会議をどこで見ていたのかと訊ねると、亀山はえっと困った顔になった。

「普通に家にいたか、学校にいたか。ひょっとして腰が悪かったから病院にいたか」

指名されるかどうかは人生の一大事である。ほとんどの人間はドラフト当日のことを鮮明に覚えているものですよ。ぼくがそう言うと亀山は頭を掻いた。

「なんだかんだ言っても、ドラフトには掛からねぇんだろうなっていう感じだったと思う。学校も記者会見を準備しているという感じではなかった。何も聞かされていなかった。いや、何か言われていたんかな。全く記憶がない。だって掛かったとしても六位ですよ。掛かるかもっていうのは、掛からないという認識。要するに外れても獲りますって言われたから、順位関係なく（タイガースに入ることは）確定なんですよ」

そして思い出したように、こう付け加えた。

「たぶん六位に掛かりませんでしたという電話が親か学校に入ったんでしょう。喫茶店で（ビデオ）ゲームかなんかしていたんかも。それぐらいの感覚。どきどきして（指名を）待つというのではなかったです」

六

この年のドラフト会議では、同じ高校生としてＰＬ学園の立浪和義、橋本清、尽誠学園の伊良部秀輝、浦和学院の鈴木健などが一位指名されている。そうした選手を意識したことはなかったという。

「だって格が違うもん、格が」

亀山はそう言って大笑いした。

「高校で甲子園にも行けなかった人間と、最初からプロを目指していた奴とは全然違うでしょ」

ドラフト会議四日後の『デイリースポーツ』は〈僕のバットは切れ味最高〉〈双子の弟の分まで　包丁人生一転〉という亀山が調理科の学生であることを見出しに使って、タイガース入りを報じている。

〈亀山は渡辺スカウトが鹿屋市内の同選手を訪ね父・和博さん（四二）と入団交渉を行い契約金千八百万円、年俸三百六十万円で仮契約を結んだ。（中略）亀山は「一日も早く一軍に上がりたい」と弟の分まで阪神での活躍を誓っていた〉（一九八七年一一月二二日付）

記事には弟の忍も一〇月にタイガースの入団テストを受けたが、最終テストで不合格になったという記述もある。

この日のことは鮮明に覚えていた。

「この年、熊本の（九州産交の）野田さん、四位の宮脇、ドラフト外で（大分、竹田高校の）馬場（哲也）と九州の選手を四人獲っているんです。だから野田さんの指名挨拶の流れで、最後にうちに来たと思う。そして学校で取材を受けたんです。後からそのときの記者の人に〝お前、立ち居振る舞いが高校生離れしていた〟って言われました」

取材が終わった後、記者たちがタクシーで帰ろうとした。亀山は車道に飛び出ると、走ってくる車を手で制してタクシーを入れたのだ。

「交通整理してましたね。それでお疲れ様ですって見送ったんです」

調理科の生徒には調理師免許資格を兼ねた卒業試験が課されていた。この試験のため、亀山がキャンプに参加したのは二月二四日のことだった。

「だから、最終クールの三日か四日間ぐらいしか出てないです」

亀山がグラウンドに入ると、二軍の選手がコーチにひそひそ話しているのが聞こえてきた。

――あの方は誰ですか。新しく入ったトレーニングコーチですか。

自分は選手だと思われていないのだと、亀山は赤面した。

夏の県大会が終わった後、亀山はたまにジムでトレーニングをするだけで、それ以外の時間はバンドの練習、あるいは友だちと出かけたりして気儘《きまま》に過ごしていた。好きなあんみつや菓子、アイスクリームなどを食べて、体重が八五キロになっていたのだ。夏から約一三キロ増えたことになる。

「ちょっと練習してまたすぐに卒業式で帰ってから入寮ですね。奄美大島三年、鹿児島三年いたんで、阪神のことはすっかり忘れてました。名前を知っているのは掛布、バース、真弓、岡田、木戸、平田ぐらい。二軍は誰も知らない。選手名鑑買って先輩の顔と名前を覚えていくっていう人もいるらしいんですけれど、ぼくは何もしなかった。名前は背番号の上に書いてあるやろ、みたいな」

　名前さえ知らない二軍の選手と一緒に練習を始めて、亀山はえらいところに来てしまったと後悔したという。

「なんだかんだ言っても全国からドラフトで入って来ている選手ですよ。みんな有名校出身。先輩に嶋田章弘さんがいて、あっ、箕島の嶋田だって。高校野球では見ていたので」

　嶋田は箕島高校二年生、三年生の夏と二年連続で甲子園に出場。八四年一位指名でタイガースに入団していた。

「嶋田さんの同期に山口（重幸）さんがいた。（東京都代表として）岩倉で春の選抜に出ていた。ぼくの同期だって横浜高校から高井、東邦から山田が入って来ていた。えらいところに来たな、みたいな。最初は気後れしてましたね」

　亀山の長所の一つは、前向きなところだ。

「有名校から来ている奴は、高校のときから高いレベルでやっているから技術はあるんです。でも、（選手の）数が多いからベースとなる体力はない。ぼくたちはローカルで最先端のテクニックは教えて貰ったことがない。純粋に投げて打つという練習しかしてきていないんです。それで野球の練習が終わったら、（楽器の）ベースの練習して毎日二、三時間の睡眠で学校に行っていたんです。そう考えたら、ぼくのほうが体力あるんじゃねぇかって思ったんです。自分はこれから新しい技術を吸収できる。伸びしろはぼくのほうが絶対にあるなと。肩（の強さ）と足（の速さ）はチーム内でもトップクラスでしたから」

特に内野守備は基礎からたたき込まれることになった。

「今まで何をやってきたんだって言われました。全てが違いましたね。それまで我流でやってきたんですから。サインプレー云々とかそれ以前の問題。まずは股割りっていって、足を開いて手で転がった球を素手で捕るところから始めました」

両足を肩幅より広げて、腰を深く落とした状態で球を捕球するという練習だった。

「隅っこで一時間ぐらい、ひたすら転がるボールを捕る練習をやってました。あとは足の運び方」

バッティング練習では木製バットが簡単に折れてしまうことに閉口した。

「バットを二本しか持っていかなかったんです。それも残念なことに平田（勝男）モデル。平田さんってそんなに打つ人じゃないですよね。高校のときからバットには拘りがなくて、別にどれで打とうが一緒じゃないかって考えていました。新しいのが入ってくると、これって打ってました。で、それがなかったら別のでって。野生児みたいなもんです。だから平田モデルもたまたま」

遊撃手の平田は打撃よりも守備で知られた選手だった。

「ドラフト一位、二位の選手はホームランバッターになれる可能性が高いです。彼らは最初から用具を提供してもらっている。何本折っても貰える。ぼくらは折ったら自分で買わないといかん。その当時でバット一本七〇〇〇円なんです。一日に三本折ったら二万一〇〇〇円。一〇日で二一万ですよ。給料三〇万円でそんなに払ったら死亡です」

亀山はハハハと笑った。

「だから折れると思ったら、ぱっと（握る手を）緩めるんです。ガーンってやったら、ポキって折れちゃうから。だからアベレージヒッターになるしかない」

そうした若手選手の懐事情を分かった上で、意地悪をしてくるバッティング投手もいたという。

「ベテランには良いボールを投げて気持ち良く打たせる。でも若い選手にいけずをするのがいるんです。変化球をキュッと投げてきて、（バットを）折りにきよる。それで折れたら、うぇーいって喜んでいる。そういう奴にはピッチャー返しをするしかない」

亀山はなるべくバットを折らないように、球を芯で捉えることを心がけるようになった。

「あとはいかに一軍のスタープレーヤーからバットを貰うか。（一軍との）親子ゲームのときに近づいてバットをもらうんです。佐野（仙好《のりよし》）さんなどに頂きました。それで人によって（好みが）違うことを知りました。それも良かったと思います」

例えば、と亀山は真弓明信の名前を挙げる。

真弓は八三年に三割五分三厘で首位打者、タイガースが優勝した八五年には一番打者として三割二分二厘、本塁打三四本、八四打点という成績を残した。バット捌きの巧みさと長打力を兼ね備えた好打者である。

「真弓さんのバットは（扱うのが）難しいんです。ヘッドが重い」

一年目の八八年シーズン、亀山は五月から二軍戦のウエスタンリーグに出場している。

「まあ、プロに入ったら最低三年は見てくれるだろうって思っていました。高卒だったらプロ入り四年、五年目が勝負じゃないですか。最初はまずストレートに慣れようと思って、それしか狙っていなかった。一年、二年目で色々と模索しながら答えが出ないよりも、その年に課題を見つけていこうという考えです。それで二年目は変化球を狙いました。自分は馬鹿なんで、あれもこれもいっぺんにはできないんで」

翌八九年シーズン、守備位置を三塁手から外野手へと変えている。

そして九〇年、九一年シーズンと二年連続してウエスタンリーグの首位打者となった。

しかし、一軍で通用する手応えはなかったという。

「二年目から（しばしば）一軍の試合には出ているんですけれど、上では全然打てなかったですね。ぼく、乱視だったんです。昼間はいいんですけれど、ナイターになるとすごく見えにくい。四年目（の九一年シーズン）からコンタクトにしたんです。乱視用のソフト（レンズ）が合わずハード（レンズ）だったんですが、ハードってちょっと埃が入ったら（眼が）痛い」

翌九二年シーズン前、人の紹介でヤクルトスワローズの古田敦也が使用していた眼鏡を使用することになった。

「まあ、なんと見やすいことか。おー、野球ってナイターのほうが見やすいんやって」

七

九二年シーズンから、亀山は背番号をそれまでの「六七」から「〇〇」に変更した。

「もう四年間やってきて、今年、結果を出さなければ駄目だなというのがあった。（一軍外野守備・走塁コーチだった）島野（育夫）さんから〝番号、重いから変えろ〟って言われて変えました。眼鏡つけて番号変わって、もうこれ最後だなって。やることやって今年駄目だったら潔く辞めようっていう感覚だったんです」

開幕前日、『デイリースポーツ』は〈セ界は本命なき大混戦〉という優勝予想記事を掲載している。

高橋直樹、長池徳士、藤田平の三人の評論家が〈バッテリー部門〉〈攻撃部門〉〈守備部門〉〈総合力〉の四部門で細かく点数をつけて総合得点を比較するという企画だった。一位は広島東洋カープ、以下、中日ドラゴンズ、ヤクルトスワローズ、読売ジャイアンツ、横浜大洋ホエールズ、大きく差が開いて阪神タイガースとなっていた。

タイガースで首位打者を獲得したこともある藤田はこう語っている。

〈セの場合は阪神を除いて優勝争いを占うのは難しい。他の5球団がダンゴ状態でシノギをけずりあうことになるのではないか〉

タイガースに対して過剰な思い入れをするデイリースポーツでさえ、この低評価だった。タイガースは八五年に日本シリーズで優勝。翌八六年シーズンは三位に入ったものの、八七年、八八年シーズンは二年連続最下位。八九年は五位と一つ順位を上げたが、翌九〇年、九一年と再び最下位となっていた。

前年、九一年シーズンのチーム防御率は四・三七。四点台はタイガースのみ、六球団で最下位である。またチーム打率、二割三分七厘も最下位。この年から本拠地とする甲子園球場の外野際の「ラッキーゾーン」が撤去された。ラッキーゾーンとは本塁打を出やすくするために、外野フェンスの手前に設けた柵を指す。本塁打が減ることで貧打に拍車が掛かり、散々な成績になると予想されていたのだ。

ラッキーゾーンの撤去により、守備範囲の広い外野手、攻撃面では走れる選手が必要となる。これが俊足の亀山に追い風となった。

開幕戦の相手は、前年三位のスワローズだった。満員の神宮球場で、タイガースは一回裏に二点を失い、そのままずるずると失点を重ねていく。


〈いきなり〝バ声〟の中の行進になった…。超満員の神宮、レフトスタンドは黄色の軍団で占拠していた。「今年こそは」タイガースの変身を期待して集まった関東のファンは、たった一試合とはいえ、その希望がいかにはかなかったかを思い知らされた。「何だ!このゲームは!」怒りの声が指揮官の背中に痛い…。

「ピッチャーを中心にした守りの野球」をキャッチフレーズに臨んだ開幕戦。しかも「一発が望みにくい分、機動力で」とサブタイトルを付けた中村監督だったが、目の前の光景は昨年と何一つ変わっていなかった〉(『デイリースポーツ』一九九二年四月五日付)

亀山は捕手の山田に代打として出場、三振を喫している。

続く二回戦、試合はタイガースの猪俣隆、スワローズの岡林洋一が好投。一対二で迎えた九回表にタイガースが一点を挙げて同点、亀山が代走に入っている。真弓のライト前安打で亀山は二塁から本塁にヘッドスライディングした――。

タイミング的にはセーフかと思われたが、審判はアウトと叫んだ。亀山は球審に詰め寄り、ヘルメットを投げ捨てた。

「あれは絶対にセーフです。古田アウトです。その頃、すでに古田（敦也）さんはスターキャッチャーでした。審判は古田だからアウトだろうって判断したんです」

タイガースは追加点を挙げることが出来ず、試合は延長戦に入る。

一〇回表、一死一、二塁から山口が二塁打を打ち、勝ち越し。そして亀山に打順が回った。亀山は二塁手を強襲する内野安打を放ち、さらに二点を追加した。試合は六対三でタイガースが勝利した。

『デイリースポーツ』には興奮気味な中村勝広の談話が載っている。

〈（ヨッシャーの掛け声とともに中村監督はベンチを飛び出した。ナインを出迎えるハイタッチの儀式。指揮官は他のコーチ陣よりも知らず知らずのうちに数歩前に飛び出していた）

――苦しい展開だった。

「みんながよく耐えた総力戦だった。若い二人が結果を出し、今後自信につながるだろうし、チームにも勢いがつくだろう」（笑顔を抑えようとしているのか、唇が震えている）

――九回に総攻撃をかけたが、同点止まり。延長ではもう選手が残っていなかった。

「九回はベテランが持ち味を出してくれたし、十回は若さの特徴である体を張って、球に食らいついていった。亀山は現在の立場も知っていただろうしね（当初の予定はこの2戦が終わるとファーム行き）。あの2点で勝てたと思ったよ」〉（一九九二年四月六日付）

そして記事に書かれているように、この一安打で亀山は二軍行きを免れることになった。

八

続く東京ドームで行われたジャイアンツ戦の初戦は二対三と敗れた。亀山はやはり代走として出場している。続くジャイアンツとの第二戦、亀山は二番左翼手として先発起用された。左翼手は開幕戦で真弓が守っていたポジションだった。

ジャイアンツの先発はタイガースが苦手としていた斎藤雅樹である。

「斎藤さんを阪神（の打者）が全く打てていなかったので、たぶん真弓さんを休ませて左バッターのぼくを使ったんです」

一回裏、ジャイアンツが二点を先取、二回にも二点を加え四対〇。斎藤との相性を考えれば絶望的な点差だった。

ところが三回表、七番に入っていた久慈照嘉が三塁打。八番の山田勝彦がライト前に安打を打ち、まず一点を返す。九番の投手、中込伸が倒れた後、一番の和田豊は死球を受けた。そして二死、一、二塁で亀山に打順が回ってきた。

実績のない亀山ならば簡単に打ち取れるはずだ。ジャイアンツのバッテリーはそう計算したはずだ。

やはり、亀山は落ちる球を引っかけた。打球は二塁手の篠塚和典の前に転がっていった。

亀山は走り出しながら、こう考えていた。

「（東京ドームの）人工芝は弾むので、篠塚さんは綺麗に（球を）捕って投げる。急いで投げることはない。そしてファーストが原（辰徳）さんでした。原さんも伸び上がって捕るという人でもない。これならば行けると」

亀山は全力疾走し、一塁の手前で頭から飛び込んだ。一塁球審は「セーフ」と両手を広げた。

そして二死満塁から三番打者のジム・パチョレックの二塁打で二点が入った。亀山が繋いだことで、四対四の同点に追いついたのだ。

五回にも亀山はヒットを打ち、出塁。またもパチョレックが続き、斎藤は降板。その後、四球による押し出しで一点。これが決勝点となった。

第三戦でもタイガースはジャイアンツに三対二と競り勝った。翌日の『デイリースポーツ』の一面には〈神撃　貯金①　23ヶ月ぶり〉〈優勝だって夢じゃない〉〈亀山　斬り込み2盗塁〉という見出しが躍っている。

〈この日、2試合連続でスタメンに抜てきされた亀山。前日に続くヘッドスライディングで二つの二盗を決め、いずれも本塁に戻ってきた。

「ヒットを打てなかったから、その分足でアピールですよ。（ヘッドスライディングは）アメリカ教育リーグで覚えた。ハングリー精神を外に出せますからね〉（一九九二年四月一〇日付）

ヘッドスライディングは亀山の代名詞になった。

「元々高校時代からユニフォームが汚れるタイプです。（必死で）やってる感が出せるタイプ。ファームでは普通にヘッドスライディングをやってましたね」

亀山は一呼吸置いた後、こう打ち明けた。

「アメリカの教育リーグで覚えたというのは最初、石井晶さんが言ったんです。だから、そのまましてはみっ（訂正せずに）泳がせてました」

石井は九一年まで二軍監督、九二年から一軍チーフコーチを務めていた。
「本当は二軍の試合で、一塁に向かって走っていた途中に足が絡まったんです。こけるのはみっともないじゃないですか。だから、そのままヘッドスライディング風に行ったんです。そうしたら〝セーフ〟って言われた。微妙なタイミングだったんですよ。プロの打者っていうのは（打ち損じたとき）のんびりやるじゃないですか、これ、全力で走ったら行けるんじゃないかって思うようになった」

ヘッドスライディングは、体勢を落とすときに足が一瞬止まる。走り抜けたほうが速いとされてきた。また野手と交錯した際、指や腕、頭部への怪我の可能性がある。
「ただ、ぼくの中では滑り込み方によっては、ヘッドスライディングのほうが絶対速いはずだと思っていましたね」

ただね、と付け加えた。
「今日も四打席、明日も四打席、明後日も四打席、普通に与えられるような選手はしなくてもいい。ぼくはこの打席がアウトだったら、二軍に行くかもしれない選手だったんです。一軍に残るためには、必死でやっている姿勢を含めて、プレゼンしなきゃいけない。次の打席がないかもしれない。明日がないかもしれないっていうと、自然に出てきたんです」

タイガースファンは熱狂的である。亀山のように泥臭く闘志を剥き出しにする選手がいなかったこともあり、一気に彼らの心を鷲づかみすることになった。

「寮から（試合を行う）甲子園は目の前なんですけれど、ファンの方が待ち構えているので、わざわざ車で送迎して貰ってました。（亀山を待ち構えて）寮に人が集まりすぎるというので、ホテルに泊まったこともありました。もう人に疲れて、くたくたでした」

甲子園で初めて左翼を守った日、外野席から聞こえてきた野次を亀山は今も忘れられない。

――真弓の代わりに出やがって。

その瞬間、亀山は自分の置かれた立場を強く認識した。

「阪神の選手が甲子園で野次られるんですよ。自分は真弓というスーパースターを外して出させてもらっているという意識がありました。だから、一個でもいい加減なプレーをしたら、真弓さんに失礼。だから走攻守全てに全力でやっていました。当時はシーズン一三〇試合。一三〇試合出ようなんて考えはなかったです」

その言葉通り四月末にはすでに躯が悲鳴を上げていた。右脚の太腿が肉離れを起こしていたのだ。

四月二四日の中日ドラゴンズ戦では先発から外れている。八回に代打出場したものの、凡退し、連続安打は八試合で停まった。

九

翌二五日、ドラゴンズ戦の開始前、先発メンバーが発表となったとき、球場から響《どよ》めきが起こった。岡田彰布が前日の五番から七番に下げられたのだ。

岡田は八〇年にドラフト一位で早稲田大学からタイガースに入団。日本シリーズを制覇した八五年シーズンは、ランディ・バース、掛布雅之に続く五番に座っていた。四月一七日のジャイアンツ戦で、この三人がバックスクリーンに三連続本塁打を放ったこともある。タイガースファンは特に地元出身の選手を身びいきする傾向がある。大阪市生まれの岡田は地元の生んだタイガース最大のスター選手だった。しかし、すでに選手としての盛りは過ぎていた。前日まで岡田の成績は打率一割八分五厘、本塁打一本と低迷していた。岡田がクリーンナップから外れるのは八年ぶりのことだった。さらに――。

タイガースが二対一とリードして迎えた五回表のことだ。

一死満塁で岡田に打順が回ってきた。このとき、代打の準備をするように指示された亀山は、ベンチ裏でバットを振っていた。

岡田の後、八番打者の山田、もしくは九番の投手、仲田幸司に回ったときに出ていくものだと思い込んでいたという。

「ナゴヤ球場って、(ベンチ裏からグラウンドに) 出ていくとき、選手の足が見えるんです。うわっ、岡田さんや。ぼくが行くんですかって」

亀山が二軍にいたとき、岡田にはバットを貰ったことがなかった。亀山にとって雲の上の人であり、近づきがたい雰囲気があったのだ。

「監督からすれば、いつまでも日本一のときのメンバーを使っていては未来がない。どこかで新旧交代しなければならなかった。岡田さんの代わりに若い選手を起用するというのは、その狼煙だったんです。でも、なんでぼくだったんですかって、言いたい」

この打席で亀山はショートゴロに倒れた。それでも全力で一塁に走った。

「肉離れをしていたので、ぐるんぐるんにテーピングしていたんですよ。それなのに足痛いのを忘れて全力で走りました」

四月二八日のスワローズ戦で亀山は四試合ぶりに先発復帰。三回、レフト前安打で出塁して、同点後、三塁へ進むと次打者・八木裕の打席で先発、岡林洋一が暴投。亀山は三塁から本塁に滑り込んだ。明らかにアウトのタイミングだったが、本塁のカバーに入った岡林のグローブから球がこぼれた。この得点もあり、タイガースは九対三で勝利。八五年以来の四月勝ち越しを決めた。

「真弓さんの代わりに試合に出て、岡田さんの代打に出される。どうすんねん、勘弁してくださいっていう感じ。もう、シーズン途中で野垂れ死んでも仕方がない。行けるところまで行く、それしかないですよね」

七月九日、オールスターゲームのファン投票の結果が発表された。亀山は一二球団で最多の五〇二六五〇票を集めた。これは七七年の王貞治に次ぐ歴代二位の得票数だった。

『デイリースポーツ』の〈球宴レポート　ワッ！　阪神・亀山のカメが来た！！〉では、第一戦が終わった後の心境をこう書いている。

〈ふぁーあ…眠いワ。前夜は深夜12時過ぎまでテレビに生出演。せめて東京までの車中で熟睡しようと思ってたんやけど、サイン攻めでかなわぬ夢やった。

けど、それも〝亀山努〟の名前を認知してもらっている証拠。ゼイタク言うたらアカンで、カメよ。一年一年、着実に、懸命に、そしてベストを尽くして過ごす。オレのプロ人生なんて始まったばかり。あの人らみたいになるには、まだまだ頭から突っ込んでいかな〉（一九九二年七月二〇日付）

大阪から東京の新幹線の中でもサインを求められ、睡眠を取ることも出来なかったのだ。亀山の体重は六八キロにまで減ったという。彼の身長一七七センチを考えればかなり軽い。亀山は「日に日にやつれていきましたね」と呟いた。

大排気量のスポーツカーがひしめく中で、軽自動車がエンジンを全開にして走り続けていたようなものだったかもしれない。そのつけは当然回ってくる。

「オールスター明けのドラゴンズ戦で膝をやったんです。（本塁に滑り込んだとき）キャッチャーにごんって上から乗られた。全く大丈夫じゃなかったんですが、試合には出続けました」

このシーズン、タイガースはスワローズに二ゲーム差の二位で終えた。シーズン前の予想を覆す大健闘だった。亀山、そしてやはりシーズン途中から現れた新庄剛志の二人は新しいタイガースの象徴となった。しかし、この年が亀山の頂点だった。

「膝が治りきらず、翌年のキャンプは二軍スタート。それでキャンプで右手首を怪我。開幕には（一軍に）滑り込んだんですけれど、五月に肩を脱臼」

九三年は四四試合の出場に留まっている。その後もアキレス腱損傷、腰椎骨折、右脚の踵の剥離骨折などが続いた。そして九七年の秋に戦力外通告された。

九年間の現役生活、二九一安打、本塁打一四本、打率二割六分五厘という通算成績だった。獲得した個人タイトルは一つもない。選手としては並以下の成績である。手垢にまみれた表現を使うならば、記録ではなく記憶に残る選手だった。

敢えて亀山にこう問うてみた。

九二年シーズン途中に休みを取り、しっかりと怪我を治す。そして無理をせず長く選手を続けるという選択肢はなかったのか、と。

亀山 努（かめやま・つとむ）

1969年7月2日、大阪府で生まれ、小学6年生の時に母の故郷である奄美大島へ移る。鹿屋中央高で甲子園出場はなし。1987年ドラフト外で阪神タイガースへ入団。90年、91年と2年連続でウエスタンリーグの首位打者に輝く。92年一軍での出場機会を得ると、代名詞となったヘッドスライディングなど泥臭いプレーで勝利に貢献、前年まで低迷していた阪神を一気にAクラスへ導く原動力となった。しかし翌年以降は故障に悩まされ、97年に現役引退。引退後はタレント、野球評論家として活躍している。

すると彼は強く首を振った。

「ドラフト外のポンコツが五年目で飯を食えるようになった。あれだけファンが沸いてくれたんです。全力でやりきるしかないじゃないですか。(九三年シーズンの)肩の脱臼は(守備のときに)ボールを取りに行って、肩から落ちた。プレー中の怪我なんで、ぼくの中ではやむをえない。確かに無理をして飛びつかなければ、そんな怪我はしないでしょう。でも、ぼくにはぎりぎりのプレーが求められている。エリートのラインに乗っている人は、細く長くでもやっていけるかもしれない。でも我々のようなドラフト外の選手は、太く短いのを積み上げて行くしかない」

そして、少し考えたあと、こう続けた。

「ぼくはプロに入ってから内野手から外野手に転向した。外野手っていうのは、外国人選手とか新戦力がどんどん入ってくる。その中で勝ち抜くには、自分の売りをやり続けるしかない。全力でやるというスタイルは変えられない。ドラフト外の中には隠し球っていう人もいるけど、ぼくの場合は裏庭で生えてきたタケノコみたいなもんだから」

必死にやって、こんなとこに生えていたぞって、見つけてもらわないといけなかったんですよと笑った。

CASE 4

大野豊

76年ドラフト外
広島東洋カープ

一

星座、血液型などで人を分類し、意味づけすることを好む人は一定数存在する。ただし星座占いはもちろん、血液型占いにも科学的な根拠はない。

それよりも人の性格、行動規範を規定するのは、どういった生活環境で生まれ育ったか、である。その意味で県民性は、厳密ではないにしても一考に値するかもしれない。

太平洋沿岸の一年中穏やかな海に戯れるか、冬になると灰色の空の下、波が荒れ狂う激しい日本海を見続けるか――その差は人格形成に影響するはずだ。

大野豊は一九五五年八月三〇日に島根県出雲市で生まれた。

「子どもの頃、躯が弱くて、常にお袋に手を引かれて病院に行っていた記憶があります。よくお尻に注射を打たれました。身長も高くなく小学校、中学校はずっとクラスの中で小さいほうでしたね」

早くに両親が離婚、大野は母親と共に祖父母の家で生活するようになった。

「母屋に祖父母と母の弟である叔父一家、ぼくと母は〝離れ〟で暮らしていました。とはいえ、食事は一緒にとっていました。叔父夫婦は優しい人たちで、叔父や祖父がよくぼくの面倒を見てくれました」

大野の自著『全力投球』の中では、こんな風に書かれている。

〈叔父は投網が好きで、夕方仕事から帰ってくると、家から近い外園海岸までよく連れていってもらった。数百メートルにわたって立ち並ぶ、松の防風林を抜けると、砂浜に出る。晴れた日には、遠くに島々が美しく目に映った。

波打ち際に立ち、魚が波に乗って泳いでくるのが見えると、サーッと走っていき、すばやく網を投げる。引き揚げてみると、ボラ、スズキ、地元では牛の舌と呼んでいるカレイ、そしてたまにタイもかかってくる。網の中でピチピチと跳ねる魚がおもしろくて、叔父の後をついて砂浜を何キロも走ったり、歩いたりした。夕暮れ、たくさんの収穫を手にして家路に着くと、祖母たちが歓声を上げて迎えてくれる。子供の私もいささか得意になったものだ。

穏やかな恵みの海も、冬になると様相は一変する。日本海から押し寄せる荒波は、まるで墨汁のように暗くて粘っこく、自然の厳しさを見せつけられた〉

大野はこう振り返る。

「ぼくらは家の中で遊ぶ物がない時代。外でメンコをやったり、ビー玉やったり、竹馬やったり。

海でキスも釣りました。釣り竿がないから糸に重りと針だけつけて投げ釣りするんです」

小学校に上がると、近所に住む友だちと野球を始めた。浜辺や稲刈りが終わった田んぼ、空き地で、拾ってきた竹や木の枝をバットにして軟式テニスのボールを打つ、〝三角ベースボール〟である。

そのうちに友だちが一人、また一人とグローブを手に入れた。大野も欲しくてたまらなかったが、なかなか母親に言い出すことが出来なかった。彼女が苦労して生活していることを知っていたからだ。

「母親は〝辛抱しなさい〟〝他人に迷惑を掛けてはいけない〟〝皆さんに可愛がられるような人間になりなさい〟というのが口癖でした。勉強をしなさいと言われたことはほとんどなかった」

小学三年生のとき、グローブが欲しいのだとおずおずと母親に切り出した。すると、母親はどこからか金を工面したのだろう、黒いグローブを買ってくれた。大野はグローブに頬ずりして、新しい革の匂いを嗅いだ。そして暇があればクリームを塗り、毎晩枕元に置いて寝た。

「うちの家計からすれば大きな出費だったと思うんですよ。だからすごく感謝しています」

将来の夢はパイロットか体育の先生になることだった。

「パイロットは当時子どものなりたい職業でした。体育の先生というのは運動が得意だったし、逞しくて頼れるイメージがあったんです。自分もそんな風になりたいと思っていました」

小学五年生のとき、大野と母親は祖父母の家を出て二人の生活を始めた。

「最初は（出雲市）大津（町）ですね。そこから今市（町）と転々としていました。母は給食の調理や、野焼きの工場など食べ物を作る仕事をしていました。母親が働く姿を見ていたので、早く自立したいという気持ちがずっとありましたね」

野焼きとは魚のすり身を使った円筒状の練り物のことだ。トビウオのすり身を使用した野焼きは、出雲の名産品だった。竹輪に似た形状で身は部厚く、食感は蒲鉾に近い。

大野の記憶にある母親はいつも忙しく動いており、ゆっくりと寛いだり、休んでいることがなかったという。そこで風呂を沸かすための薪割りなどは自然と手伝うようになった。自分が母親を護らなければならないという意識が子どもなりに芽生えていた。

出雲市立第一中学校に進学すると、陸上部に入部している。小学生の頃から、長距離、短距離共に走ることに自信があった。

ところが――。

「夏休み前に行われた市の大会で、一五〇〇メートル走に出たら一八人か一九人中一一位だったんです。自分では速いつもりでいたけれど、エリアが広がると自分は力がないんだと思い知らされました。同じ中学の陸上部にも一〇〇メートル走とか短距離でぼくよりも速いのが沢山いた。自分にはずば抜けた速さはない。この先、陸上をやっても駄目だなと思ったんです。それで練習に行かなくなった。そのときの担任の先生が陸上部の顧問だったんです。〝お前、なんで練習に来ないんだ〟って言われてぼくは〝もうやっていけません、自信ありません〟って答えたんです。先生も大した選手になれないだろうって思っていたんでしょう、それ以上は何も言わなかった」

担任は陸上部を辞めることは構わないが、代わりに別の部に入るようにと命じた。そこで大野は野球部を選んだ。

「野球部と陸上部は同じグラウンドで練習している。やっぱ野球って楽しそうじゃないですか。打って、走って、投げて、守ってと色んなことが出来る。それで二学期から野球部に入ったんです」

大野は三年生がチームを去った後の新人戦から外野手として先発起用されることになった。

「足はそこそこ速くて、躯は小さかったけどミートをするのが巧かった。ライトでレギュラーになれたんです」

二年生からは投手に転向した。

「希望でもなんでもないです。ただ左（投げ）だったからですよ。地肩が強くて左だから監督がピッチャーをやらせたんです。肩に関しては持って生まれたものがあるでしょうね。男の子は父親の血というよりも母親の血の影響が強い。うちのお袋さんは町内の運動会でも足が速く、運動神経は良かった」

投手に対する拘りはなかった。

「どこのポジションでもいいからレギュラーとして試合に出られればいいなっていう気持ちでした。でも上（の学年）にいいピッチャーがいたので二番手、三番手でしたよ。球は速かったけどコントロールが悪かった。誰も教えてくれないから自己流です。フォームがどうだとか考えたこともない」

そもそもね、と大野は続けた。

「今の選手は子どもの頃からプロ野球選手になるんだって思ってやっているじゃないですか。ぼくはそういうのは全くなかった。高校にも行く気がなかった。夢もなかった。卒業したら早く手に職をつけて自立したいというだけでした」

最上級生になると背番号一をつけるようになった。

「一応エース番号で三番を打っていました。でも、弱いチームで、ほとんど負けていました。（三年間で）地区大会で勝って県大会に進んだのは一回ぐらい。そんなチームです」

そういう程度の男だからプロを夢見るなんてこともなかったですと、微笑んだ。

二

プロ野球に興味はあった。

「ぼくらの時代はみんな巨人ファンですよね。巨人戦しかテレビに映りませんから。王（貞治）さん、長嶋（茂雄）さんに憧れた世代です。ピッチャーならば高橋一三さん。同じ左（投げ）でしたし」

高橋一三は、六五年に読売ジャイアンツに入団。ジャイアンツ九連覇を支えた左腕投手である。

「中学生のとき、阪神の江夏（豊）さんが出てきた。江夏さんがバンバン投げる姿を見て、憧れるようになりました。とはいえ、野球部の練習もあるのでそんなにしょっちゅうテレビを見ることは出来ませんでしたけど」

江夏は二年目の六八年シーズンに二五勝を挙げ、四〇一奪三振という記録を残している。この奪三振記録は今も破られていない。この六八年は大野が中学校に入学した年である。三振の山を築いていく若き江夏の姿に大きな影響を受けたことは想像できる。

後に江夏は大野の人生に深く関わることになる。もっとも、予言者が現れて、それを大野に伝えても、何を言っているのだときょとんとした顔をしたことだろう。

中学卒業後は予定通り就職するつもりだった。

「（就職用の）適性検査も受けました。あの頃は手に職をつけるとしたら大工か左官。そっち系の仕事に進むつもりでした。成績も良くなかったです。とんでもないほど、悪くはなかったですけど勉強してないですから。必死で勉強したこともない。何かに一生懸命になってやる人間じゃなかった」

就職するつもりだと言うと、母をはじめ親戚中の人間から高校は出ておくようにと大反対された。そこで出雲商業高校に進学することにした。簿記や算盤は、将来役に立つだろうと考えたからだ。そして入学すると野球部に入った。

「ぼくが入ったときの三年生というのは、監督が三年計画で甲子園に連れて行こうとしたメンバーだったんです。その三年目だったので結構強かった」

新入部員は球拾いから始める。グラウンドの周囲に立ち、声を出しながら先輩の打った球を集めるのだ。大野はバッティングピッチャーを務めることもあった。

「球は速かったんですが、やっぱりコントロールが悪かった。ボール球ばかりで練習にならない、あいつに投げさせないで欲しいとキャプテンが監督に直訴したこともあったそうです」

二年生の夏に行われた島根県大会東西地区予選では中堅手兼救援投手として三番打者を任されている。

出雲商業は初戦で平田と九回、日没引き分け。再試合で延長一〇回にサヨナラ勝ちした。続く松江日大戦は九対二でコールド勝ちして東部地区を勝ち抜き、県大会に進出した。しかし、県大会一回戦で益田商業に〇対九と惨敗している。

最上級生となった翌夏の県大会前、『山陰中央新報』は大野を〈チームの大黒柱〉、〈主将でエース〉として紹介している。

〈一七六センチの長身から投げおろす左腕の本格派。速球とヒザ元をえぐる鋭いカーブが武器で威力がある。昨年夏から登板しておりマウンド度胸も満点。『松江商・中林投手にヒケをとらぬ好投手』と評価する人も多い。しかし、暑さに弱いのがやや気がかり〉（一九七三年七月八日付）

暑さに弱いのは事実だったと大野は認める。

「あの頃は練習中、水が飲めなかった。だから練習が終わったら、その反動で躯に悪いと分かっていてもガンガン冷たいものを飲むんです。すると自分は胃腸が弱いので食べ物を受けつけなくなる。物が食べられないとどんどん体重が落ちていく」

そして投球も安定しなかった。

「相変わらずコントロールが悪くて、投げてみないと調子が分からない。はまればいい試合になるし、はまらなければフォアボールを出して自滅というタイプのピッチャーでした。非常にムラがありましたね」

一回戦の相手は安来だった。

「安来高校は、練習試合で一点差で勝ったり負けたりする相手だったんです。ぼくよりも一回り躯の大きい庄司という左投手がいて、なかなか打てなくて嫌だなと思っていた。すでに気持ちで負けてました」

山陰中央新報は試合をこう報じている。

〈二転、三転と1点を争う緊迫した好ゲームを展開したが、2―1とリードされた安来が六回裏に3安打を集中して逆転に成功。庄司が出雲商の必死の反撃をうまくかわして二回戦へ進んだ〉（一九七三年七月二二日付）

大野は当然の結果でしたと冷たく笑った。

「ぼくが三点獲られて打線はチャンスで打てない。二対三で負けて終わり。あっけなく終わりました。あの頃のぼくは体力も技術もなく、メンタルも弱かったんです」

三

就職を考える時期になり、野球部の監督から三菱重工三原の練習に参加するように勧められた。

「（出雲商業の前身、出雲）産業高校時代に春の甲子園へ出たときの選手が三菱重工三原のマネージャーをされていた。その繋がりで行って来いと。それで一学年下のキャッチャーと二人で一週間ほど練習に参加しました」

三菱重工三原硬式野球部は、都市対抗野球にも出場していた社会人野球チームである。七五年のドラフトで阪急ブレーブスから二位指名される外野手、簑田浩二などを輩出している。

「そのとき簑田さんはいらっしゃったと思います。一週間ほど旅館に泊まって、食事も出して貰い、みんなと一緒に練習しました」

大野は肩を痛めており、ピッチングを披露することはなかった。バッティングを中心にランニングやノックに参加。出雲商業とは全く違う、練習量、質の高さに大野は圧倒された。

「最初から本気でなかったといえば失礼なんですが、どこまでついて行けるかを見るつもりでした。そしてこれは無理だと思いました。最後の日に野球部の用具室に行って、ユニフォームからスパイク、グローブまで一式貰って、ありがとうございましたと挨拶して帰ってきました」

用具を沢山手に入れたことが嬉しかった。

「そもそもぼくは島根から出る気がなかった。母親と一緒に住んで仕事をするつもりでした。監督に行ってこいと言われたから行っただけで、入る気はなかったです」

野球は続けたいと思っていた。しかし、島根県には社会人の硬式野球チームはない。残る選択肢は軟式野球だった。

「三菱重工三原を断って帰ってきて、さぁどうしようかと。信用組合の野球部が強くて、先輩から誘われていたんです。でも銀行の仕事をやっていく自信がなかった。求人情報をずっと見ていたんですけれど、野球を続けることの出来る企業は意外とないんです。じゃあ、ちょっと頑張って受けてみようかと」

出雲市信用組合軟式野球部は、島根県内の強豪チームだった。産業の限られた島根県では堅実な金融機関への就職は競争率が高い。野球部員としての評価もあったのだろう、大野は男子三人女子七人の合格者の中に入った。

この年の一一月二〇日、千代田区の日生会館でドラフト会議が行われている。

ドラフト前、地元紙で指名の可能性のある選手として〈出雲商業の左ピッチャーはストレートが結構速い〉と小さく報じられたことがあった。

「全然嬉しくなかった。なぜ自分が紹介されたのか理解できませんでした。自分とは全く無縁な世界だと思っていましたから」

大野と同じ来春卒業の高校生選手で注目されていたのは、作新学院の江川卓である。ところが、彼は大学進学を表明していた。

「江川が甲子園で投げているのはテレビで見ていました。本当に強烈でしたね。高校生でこんなボールを投げるピッチャーがいるんか、怪物だなと。凄いピッチャーだと思いましたよ。テレビで見ていてもスピード以上の速さを感じた。色んなピッチャーいますけど、ぼくの頭の中で高校生のときの江川のボールが一番です」

この年のドラフトはまず〝予備抽選〟が行われ、〝本抽選〟の籤を引く順番を決めた。

〈予備抽選では一番最後にひいた巨人の川上監督がめでたく一番くじをあてる上々のすべりだし。いよいよ本抽選。緊張した空気に包まれた中でまっ先に川上監督が無造作に左から二番目のくじをとりあげた。とたんに「ヒャー」と川上監督。なんと武宮スカウト部長が「来年はV10だから十番目だろう」と予想？した通りの結果に。川上監督は赤ら顔をなお赤くして苦笑した。

（中略）

指名開始――。一番の大洋が山下を選び、南海、近鉄が江川を〝パス〟したときまではまず予想通り、という空気が場内に流れたが、在京球団の日本ハムまでが江川をさけたときは、各球団の面々も「オヤッ」という表情。意外？にも阪急が江川を指名すると一瞬静まりかえり、とくに巨人勢には「やられた」というくやしげな表情が走った〉（『朝日新聞』一九七三年一一月二一日付）

ドラフト会議終了後、記者会見の席上で江川はブレーブスとは契約しないと断言した上で、こう語った。

「一部の新聞では、巨人なら入るのでは、といわれたので、出来れば、パの球団ではなく、巨人に指名されて、そこで断りたかった」

この発言の真意は分からない。

また、阪神タイガースが六位で習志野の内野手を指名している。掛布雅之である。

大野の頭の中は野球よりも四月から銀行でやっていけるのかどうか、だった。信用組合というのは預金を集めなければならないと聞いていた。人見知りの自分がきちんと話をすることが出来るのか。預金が集まらなければ知り合いに頼まなければならないのではないか。お世話になった人には迷惑を掛けたくないと心配していた。

自分が信用組合に就職したことを母はひどく喜んでくれた。母への経済的負担が軽くなるという喜びと不安が絡み合っていたのだ。

四

四月、大野は真新しい背広を着て出雲市信用組合で働き始めた。

最初の二週間は研修期間だった。挨拶やお茶くみのやり方などの礼儀作法の他、〇から九までの数字を書く練習と紙幣と同じ大きさの紙を使って百枚の札を数える練習を繰り返し行った。

金融機関では紙幣を数えることを札勘と呼ぶ。札勘には縦読みと横読みの二種類がある。

「縦読みというのは、一枚一枚、紙幣を送って数えていくやり方。これは出来るんです。問題は横読み」

横読みは、札束を扇状に広げて、二枚ならば二枚、四枚ならば四枚ずつ数えていく。

「横読みは扇形に広げる感覚がなかなか掴めなかった。手首を八の字に回しなさいと言われてもなかなか出来ない。無駄な力が入っちゃ駄目。一〇〇枚で出来ないからまずは五〇枚で広げてやってみる。力を入れすぎると紙が破れちゃうんです」

同期入組の男性二人と女性七人が次々とこの横読みを習得する中、大野は一人取り残された。焦れば焦るほど余計な力が入り、紙が破れてしまう。紙を家に持ち帰り練習、翌朝、早めに出社し同期に教えを請うた。

「横読みを覚えるのはぼくが一番遅かった。そこで恥ずかしがらずに自分から人に聞くことが出来るようになった。力めば力むほど無駄な力が入ってしまい、力を出すことが出来ない。物事というのは力の加減が大切であるということも知りました。これは色んなことに通じることですよね」

研修の後、本店営業部渉外課に配属された。

「まずは引き継ぎです。先輩が開拓した取引先である会社、店舗、自宅を一緒に訪ねて挨拶していく。会社にしても個人のお客さんにしても、大切なお金をぼくに託すわけです。自分は裕福な家庭で育っていないことにひけ目を感じていた。まずは自分を信用してもらわなくてはならない。そのためには挨拶が必要。その後の会話は置いておいて、まずは頭を下げて、しっかりと自分の名前を言う。名前を覚えてもらうことを心がけました」

最初の一週間は、先輩と一緒に取引先を回って行った。

——今年、入社しました大野です。渉外になりましたので宜しくお願いします。

大きな声で頭を下げた。

中には半分冷やかしで、これを数えてみろと札束を出されることもあった。横読みさせるためである。紙で練習していたはずだったが、焦ると札が開かない。不甲斐なさで大野の顔は真っ赤になった。仕方がなく、メクールという滑り止めクリームを指につけて縦読みで一枚一枚捲った。

「中には嫌な人もいるんです。でも嫌だからって逃げるわけにはいかない。だからその人をよく観察して、会話を変えていく。ぼくはもともとそんなに喋る人間ではなかった。でも、言葉に出さなきゃ相手へ伝わらないし、仕事にならない。当時、母子家庭には偏見があった。母子家庭出身の銀行マンはほとんどいなかった。そういう家庭で育っていても仕事は出来る、信用できる人間だと見られたい。いつもそう思っていました」

自分がこれまで必死に取り組んだことがなかったことに改めて気がついた。学校では一〇〇点満点で五〇点程度でいい。落第点を取って母親が呼び出されなければ良かった。野球も同じだった。上を目指したことがなかったのだ。

「定期（預金）のノルマを達成するために、役所、学校、会社関係、一般家庭を一軒一軒歩いて回りました。新人がいきなり何百万円、何千万円の預金をもらえるはずもない。一万円、三万円、五万円と少額のお金を積み重ねていくしかない。信用されれば、また他のお客さんを紹介してもらえるようになる。一年目の終わりぐらいから、何とか毎月のノルマを達成できるようになりました。そうなると自分に自信がついてくるんです。やれば出来るじゃんって」

五

野球部の練習は仕事優先だった。金融機関では全業務の終了後、その日の出入金の現金、伝票と帳簿の数字が合致しなければ引き上げることが出来ない。

「いつも頼むからきちんと合っていてくれと願っていました。合わないときはもうみんなでチェックですよ。ぼくが書いた渉外の伝票が間違っているという可能性もあるわけですから。野球部の練習に来る時間はみんなばらばらです。仕事が終わった人から集まってくる」

専用の練習場はない。

「今日はどこそこの空き地に集合、という感じです。だいたい車で行くんですが、ぼくは持っていなかったので先輩に乗せていってもらう。練習は早いときで一七時半から。時期によってはすぐに暗くなってしまう。ナイター設備はありません。だから、ちょっと走って、キャッチボールして、ノックしてもらって正味一時間。投げ込みはほとんど出来ない。大事な大会が近づいたときだけ仕事の時間を調節してもらいました。普段はほとんど練習していない。やる時間がないんです」

大野が戸惑ったのは軟式球の感触だった。

「硬球は少々力を入れても変形しない。その感覚でボールを握ると、投げる瞬間、ニュッと潰れるんです。そのまま投げるとワンバンしてしまう。力の入れ方が全く違う。まずは軟式球に馴染むこと。遠投でボールを離す感覚を掴みました。投げないときは外野手で試合に出ていました」

野球部には一〇歳ほど年上の金山という投手がいた。夏前からは金山と交代で練習試合に登板するようになった。

「金土日で試合があるので、金山さんと二人で三日間四試合ほど投げるんです。だいたい勝っていました。中学・高校でぼくは試合に勝つ喜びを体験したことがなかった。だから楽しかったです。野球をやれるという喜びと勝てるという喜び。二重の喜びです。社会人になってから野球を本当に楽しめるようになった」

大野は試合を観に来ている人間の中に見知らぬ顔があると「プロのスカウトが来ているんじゃないか」と冗談を飛ばすこともあった。

「こんなところに来るはずもないことは分かっていました。そのとき軟式からプロに入った選手は誰もいなかったんです」

軟式野球部の主要な大会は「全軟」と呼ばれる全日本軟式野球大会と国民体育大会である。出雲市信用組合は地区大会を勝ち抜き、一九七五年の全日本軟式野球大会に出場している。しかし、一回戦で佐久総合病院に四対八で敗戦。国体は翌七六年に出場。こちらも初戦で京都市消防局に一対二で敗れている。

軟式野球でも無名の存在だった大野の気持ちが動き始めるのは、信用組合に入って三年目、七六年秋のことだった。

まずは島根県の平田高校出身の青雲光夫が阪神タイガースの入団テストに合格したという話を人づてに聞いたことだった。青雲は高校卒業後、神奈川大学に進学していた。

「青雲はぼくよりも一学年下で、右の本格派のいいピッチャーでした。阪神に受かったと聞いたとき、えーって思いました。やっぱり刺激になりましたね」

大野が高校二年夏の県大会地区予選初戦、出雲商業は平田と対戦している。一年生の青雲は途中登板していた。

そんなとき、出雲高校と練習試合が組まれた。出雲高校は秋の島根県大会を勝ち抜き、中国大会への出場権を得ていた。出雲高校出身の金山を通じて出雲市信用組合野球部に対戦の打診があったのだ。

このとき、大野は三年ぶりに硬球を握った。自分でも驚くほど、球がしっくりと掌に収まったことを覚えている。

試合前、大野は高校生にこう宣言した。

——真っ直ぐしか投げないから、お前ら好きなように打て。

大野は高校生に打ち込まれるだろうと覚悟していたという。

「ぼくの高校時代は木のバットでした。ぼくらの下から金属バットになったんです。金属バットの打者を相手に投げたことはなかった。中国大会に出るぐらいのチームですし、金属バットに当たれば飛ぶだろうと思っていました」

ところが高校生のバットは次々と空を切る。大野は五回を投げて、一六人の打者に被安打一。三振は九者連続を含め一三個を数えた。

「本当に練習相手になればいいという気持ちで投げてました。でも全然バットに当たらない。ピッチャーの本能なんでしょうかね、次第に色気が出てきて、打たれたくなくなった。そして、自分の中の何かに火が付いた。プロに挑戦してみたいと。今までそんなことを一度も考えたことがなかったのに」

二一歳になって初めてプロ野球選手になりたいと思ったんですと、おかしそうに笑った。

それから毎朝六時に信用組合へ行くとロッカールームで着替え、宍道湖に流れ込む斐伊川の土手沿いを一〇キロ、五キロ、三キロと日によってコースを変えて走った。そしてスーツに着替えて仕事を始めた。

年が明けた七七年一月のことだった。出雲市で小学生を対象とした少年野球教室が開催された。講師として広島東洋カープの一軍打撃コーチだった山本一義と投手の池谷公二郎が呼ばれた。出雲市信用組合野球部の部員は、グラウンド整備や道具運びなどの雑用に駆り出されている。大野がプロ野球選手及び関係者を見るのは初めてのことだった。

終了後、二人を慰労する会が開かれた。その席で大野は先輩から「彼が信用組合のエースだ」と山本に紹介された。

「山本さんから髪の毛が長すぎるって怒られたことを覚えています。池谷さんは広島のエース。雰囲気がやっぱり違いました。山本さんや池谷さんと接触したことによって、プロというのが身近に感じられて、自分もやってみたいという気持ちが強くなった」

そこで大野は意を決して、出雲商業一年生のときの監督、谷本武則と話をすることにした。

「ＯＢの谷本さんは教員ではなく、地元で建材会社を経営されていました。法政大学、熊谷組で野球をやっていたのでプロ野球に知り合いが多いことは知っていました。谷本さんに自分の気持ちを説明して、何とかなりませんかと頼んでみたんです」

谷本は南海ホークスには知り合いのコーチがいる、テストを受けてみるかと言った。

「すぐに南海に連絡して貰うと、島根県出身で南海に入った選手がいたらしくて、そういう子がいるならば見てみたいという話になったんです」

ホークスのテストを受けられることは嬉しかった。しかし、引っかかるものがあった。

「贅沢な話なんですけれど、ぼくの頭の中にパリーグのイメージがなかった。やっぱりセリーグなんです。それを谷本さんに言ってしまった。すると〝巨人がええのか、阪神がええのか、中日がええのか〟って。巨人は憧れのチームではあったんですが、エリートというイメージがある。自分には似合わない」

大野の頭に浮かんだのは、広島東洋カープの赤いヘルメットだった。

七五年シーズン、広島東洋カープはジョー・ルーツから監督を引き継いだ古葉竹識に率いられ、球団創設初めてセリーグを制している。

「（昭和）五〇年のカープ優勝は社会人二年目のときでした。あれだけ弱かったカープが優勝したというのはもの凄いインパクトがあったんです。広島の街が盛り上がっているというのもニュースで見ていました。覚えているか分からないにしても、山本一義さん、池谷さんとの接触もあった。そこで〝何とか広島でお願いできませんか〟って頼んだんです」

山本は谷本の法政大学の後輩に当たり、付き合いがあった。

「じゃあ、どうなるか分からんけど（山本）一義に連絡してみるわって」

しばらくして谷本から呼び出された。通常の入団テストはすでに終了しているが、特例として二月の呉キャンプで見るという。

六

テストの日程が決まり野球部の原という後輩に事情を話して練習を手伝ってもらうことにした。原もまた出雲商業出身だったのだ。

雪の多い出雲では、冬の間、野球部の練習は休みとなっていた。まずは雪の積もっている中学校の校庭の一〇〇メートル走のコースを雪かきした。その後、ゴール地点に原を立たせて、スタート地点から大野が投げる。遠投の練習だ。さらに室内相撲場を借りて、ピッチング練習を行った。

「朝からやたら練習しているので、野球部の監督だった常務はチームのためにやっているのかと感心していたそうです。ただ、使っているのは硬球。一心不乱に硬球を投げ込んでいる。テストのことは金山さんと原以外には黙っていました、みんな何をしているのだろうと見ていたんでしょうね」

入団テストの一週間前、大野は辞表を書き常務に持って行った。

「中途半端な気持ちでテストを受けるのはすごく嫌だったんです。社会人を三年間やったことは大きな自信になっていました。テストに落ちたとしても、何とかやっていけるんじゃないかとも思っていました。そうしたら常務からは〝どうせ受からん、そんな甘いもんじゃない〟とも言われました。でもお前がそういう気持ちならば行ってこい、辞表は預かっておく。周りには言うな、何か理由をつけて一週間有給休暇をとって行ってこい、と」

母親は自分の決めた道なのだから、止めない、一生懸命やってきなさいと背中を押してくれた。

大野は二月一九日に広島へ向かって出発した。この冬は近年稀に見る豪雪だった。前夜から激しい吹雪になっており、真っ直ぐ歩くのも難しいほどだった。日本海側の島根県と瀬戸内海側の広島県の間には中国山地が背骨の様に通っている。列車が山を越えると雪は消えた。日本海側とは全く違う気候なのだと大野は改めて思った。広島は、穏やかな青空が広がっていた。

このとき、カープの一軍は宮崎県でキャンプを張っていた。二軍の一部が広島県呉市の二河球場で練習していた。大野はそこに加わることになった。

「寮に泊まってカープ専用のバスで球場に向かうんです。遠投や五〇メートル走をやらされるのかなと思ったら、まったくそういうのはなかった。みんなと一緒に練習して、ブルペンで投げる」

合流四日目のことだった。二軍監督だった野崎泰一とスカウトの木庭教の前でピッチングを見せることになった。宿舎に戻ると木庭の部屋に呼ばれた。

木庭が「一応採用する」と切り出したとき、大野は飛び上がりそうになった。木庭はこう続けた。

「けど、お前さん、信用組合で金を数えているほうが安全じゃないか」

諭すような口調だった。プロ野球選手はギャンブルの世界である。失敗しても何も残らない。大丈夫か念を押した。

契約金はないが支度金一〇〇万円を出すという。給料は月一三万円。信用組合は手取りで約五万円だった。倍以上だと大野は思った。宜しくお願いしますと大きな声を出して頭を下げた。

「二週間与えるので、出雲に帰って色々と片付けてこいと。それですぐに戻りました。常務や谷本さん、母親に受かりましたって報告したら、みんなびっくりしました。信用組合の仕事の引き継ぎをしなければならない。みんなに挨拶して回って、カープに入りますと言うと、きょとんとした顔になるんです。事情を説明すると、頑張ってきなさいと励ましてもらえました」

三月九日付の『中国新聞』に大野の記事がある。

〈大野豊投手（二一）＝出雲商出身、左投げ左打ち＝の入団を八日、発表した。背番号は60。

大野は177センチ、70キロ。出雲商時代は三年生の時に外野手から投手へ転向、一試合平均10三振を奪っている。四十九年卒業後、出雲信用組合に入社、軟式野球の投手。五十年には全日本軟式野球大会に出場した。

二月末に呉二河球場でのキャンプに参加してテストを受けていた。木庭スカウトは「球は速いし、足腰も強い。軟式からでもプロの投手になれる前例となってほしい」と話している。

記事の最後には、大野の言葉もある。

〈三年間のブランクがあるので、一からやりなおすつもりでやる。ことしは体づくりに専念して、四年後をめどにがんばる〉

四年後と言ったのは、不安の表れだっただろう。

「自分は軟式をやってきて、硬式に慣れていない。練習もまともにやっていなかった。それで時間が掛かるなという意味で言った年数だと思うんです。ただ、高校生ならば四年後でもいいかもしれませんけど、社会人を三年やっているんだから四年はちょっと遅い。本当ならば、その半分の二年って言わなきゃ駄目でしたね」

寮に入った大野はまず近くの信用組合を探し、支度金の一〇〇万円を預けた。

「自分は信用組合に勤めていたから、広島でも信用組合にお世話になろうと思ったんです」

そんなことは当然のことでしょ、という表情で言った。

七

プロ一年目の五月から大野はウエスタンリーグに登板している。三勝目を初完投勝利で挙げ、八月に一軍へ昇格している。

「持ち玉はストレートとカーブだけ。たまにシュートを投げる程度です。二軍にも、なんでこいつが勝てないのか、一軍に上がれないのかというような、すごい球を投げる若いピッチャーがいました」

そんな中、大野は三つの勝ち星を挙げたことで、もしかして自分はプロとして素質があるのかもしれないと思うようになった。

一軍から声が掛かったのはそんなときだった。しかし、なかなか一軍での登板機会は訪れなかった。一度は調整のためウエスタンリーグで登板している。

この頃、野球界のみならず世間の話題は、ジャイアンツの王貞治がいつハンク・アーロンの通算七五五本の本塁打記録を抜くのか、だった。九月三日、王はヤクルトスワローズ戦の第二打席で本塁打を打ち、七五六本の新記録を達成した。

その翌日、カープは広島市民球場で阪神タイガースと対戦していた。試合は序盤からタイガースの一方的な展開となった。七回の時点で二対一二という大差がついていた。

大野によるとこの日も自分は登板予定に入っていなかったという。この日、出雲から恩師、信用組合の上司、同僚、友人たちで結成されていた後援会が、二台のバスに乗って応援に来ていた。そこで敗戦濃厚の中、大野に投げさせてみようかという話になった。

八回表から大野がマウンドに上がった。最初の打者は二番の島野育夫だった。

「自分では落ち着いているつもりでした。しっかりしている。舞い上がっていないと思っていました。ところが一球投げると、浮き足だってしまった」

島野には中堅への安打を打たれた。続く三番は掛布。大野と同じ年の左打者はすでにタイガースの主軸を任されていた。掛布を内野フライに押さえたものの、四番の田淵幸一、五番の川藤幸三に続けて左翼への安打を浴びる。

まず島野が本塁を踏み一点。続く佐野仙好にも打たれて塁が全て走者で埋まった。そして七番の片岡新之介に満塁本塁打を打たれる——。

その後、二者連続四球を出し、降板した。

翌日の『日刊スポーツ』は〈阪神爆発1イニング11点〉という見出しで報じている。

〈阪神にとっては文字通りのラッキーセブンだった。小林誠―池谷―三輪三投手に打者十五人を

送り、七安打に5四球をからませてあっと驚く11点。これで勝負は決まった〉（一九七七年九月五日付）

その後の八回にプロ入り初登板した大野が、満塁本塁打を打たれたことには触れていない。

「自分としてはフォアボールを出さないように投げたんですが、ストライクゾーンに行ったボールはことごとく打たれる。一軍のバッターというのは反応が違うなと。ナイターの雰囲気、スタンドの観客の姿、そういうものに飲まれてしまった」

ベンチに戻ると、「ご苦労さん」「次、頑張れ」という声を掛けられたが、大野は俯いたまま頷くのが精一杯だった。試合終了後、後援会の人間たちがロッカールームを訪ねて来た。大野はひたすら「すいません」と頭を下げ続けた。情けなくて、涙がぼろぼろと零れ落ちてきた。

「球場に最後まで残っていて、寮まで泣きながら歩いて帰りましたね」

寮に山本一義から電話が入った。彼は、今日の試合内容は残念だった、もう一度やりなおそうと言った。

「電話を切る前に、冗談で〝自殺するなよ〟って。その場ではすぐに気持ちを切り替えることは出来なかった。でも冷静になって考えれば、自分はキャンプもまともにやっていない。軟式をずっと投げていた男です。それが一軍に呼ばれたのもすごいことじゃないか。もう一度、自分を鍛え直そう、そうすればチャンスを貰えるはずだと」

そのとき母親の顔が浮かんで来た。

「広島に行くとき、母親にプロで絶対に成功して広島に呼ぶからと約束したんです。とんでもないスタートを切ったけれど、ここで逃げるわけにはいかない」

翌日、大野は二軍に降格した。そしてこのシーズンは一軍に戻ることはなかった。

大野のプロ一年目、一軍での成績は、投球回数三分の一、被安打五、被本塁打一、自責点五。防御率は一三五・〇〇――。

八

二軍に降格した後、大野は二軍監督の野崎に可能な限り登板機会を下さいと訴えた。ウエスタンリーグの規定投球回数を満たして、防御率の上位に食い込もうと考えたのだ。一軍の一三五・〇〇という防御率の汚名を二軍でそそぐというささやかな意地だった。二軍降格後、一勝を挙げ通算四勝一敗、防御率二・六六、リーグ七位というまずまずの成績を残している。

シーズン終了後、大野の野球人生を変える人間と出会うことになった。

江夏豊である。

七七年九月、所属していた南海ホークスの監督、野村克也の解任騒動が起きている。もはや自分はこのチームにいることは出来ないと、江夏は移籍を希望。金銭トレードでカープにやってきたのだ。

「出雲市信用組合時代、ぼくは江夏さんにあやかって同じ背番号〝二八〟をつけていました。同じサウスポーとして憧れの人、雲の上の人じゃないですか。一方、ぼくはどこの馬の骨か分からないような選手。接点がない。一言でも話が出来れば、という感じでしたね」

大野によると、監督の古葉が江夏に同じ左腕投手である大野の面倒を見てくれないかと頼んだという。

「江夏さんに初めて話しかけられたときは、〝宜しくお願いします〟って直立不動です」

江夏の周りには常に報道陣が集まっていた。

「キャンプ中、キャッチボールからブルペンまで常にそばにいるんです。江夏さんは話題の人だから、メディアが凄い。その江夏さんの横にぼくがいるんです。人間っていうのは面白くて、自分を見ていないのは分かっていても、視線を感じるとやらなきゃいけないって気持ちになるんです。その意味ではすごく刺激になりました」

江夏がまず説いたのはキャッチボールの重要性だった。

「キャッチボールを疎かにするな、と。キャッチボールはキャッチボールで終わらない。キャッチボールの延長がブルペンであり、ブルペンの延長がゲームである。だからキャッチボールからボールに気持ちを込める」

そして江夏はボールと友だちになれと教えた。

「江夏さんはボールを常にいじっているんです。要は指の感覚をすごく大切にしていた。ぼくも江夏さんの真似をして常にボールを持つようになりました。部屋でもボールをいじったり、寝っ転がって天井に投げてみたり。遊びの中でボールと指の感覚を掴む」

大野の投球フォームを見た江夏はぼそっと「お前、そのフォームでは駄目だよ」と呟いた。

「当時のぼくは、投げるときに右肩があがって天井を見てるようなイメージのフォームだったんです。その投げ方だと一〇球に一球ぐらいはいい球が入るかもしれない。しかし、コンスタントにいい球は行かない。ぼくのフォームには無駄な動き、無駄な力が入っていた。それを直しました」

江夏は細かに口を挟むことはなかった。足のためが浅い、ステップする足の位置、肘の位置が下がっているという風に、投げる際に意識する箇所を教えた。

「それが出来ているかどうかというのが自分にとってチェックポイントになる。ボールが思ったところに行かなかったときには、ここが悪かったのだと修正できるようになる。自分一人では絶対に気がつくことが出来なかった」

そして大野は江夏のピッチングフォームをじっくりと研究した。

「あの頃、江夏さんはお腹が出た体型になっていた。江夏さんはお腹を巧く腰に乗せタイミングをとって、ためを作って投げる。ピッチャーにとってタイミングは大切なんだということを江夏さんから学びました」

コントロールの良さも江夏の特徴である。

「ピッチャーがバッターを抑えるのに一番大事なのはコントロール。キャッチャーの要求通り、きちっと投げることが出来ればそんなに打たれるもんじゃない。江夏さんの球にかつてのスピードはなかった。だけどコントロールは抜群でした。そのとき、ぼくの持ち味はスピードでした。でもコントロールをつけないとこの先やっていけないというのがよく分かりました」

江夏に教わった箇所に留意して投げると、フォームが安定し自分の思った場所に球が行くようになった。オープン戦では一五イニング無失点を記録、開幕一軍に入っている。

「一年目で自信を失って、一番練習しなきゃいけない二年目のときに江夏さんと出会った。ぼくにとってすごい財産となりましたね」

九

七八年シーズン、大野は中継ぎ投手として起用された。そして八月一二日、広島市民球場で行われたヤクルト・スワローズ戦で四回一死から五番手として登板。最後まで投げきり、初勝利を挙げている。

五回に大野は安打を放ち、一打点を記録している。

このシーズンは広岡達朗に率いられたスワローズが一〇月四日に優勝を決めた。球団創設二九年目で初めてのリーグ制覇だった。大野は一〇月九日、神宮球場で行われたスワローズとの最終戦に先発した。

〈広島が大野の2安打散発プロ入り二年目の初完封というピッチングと、4ホーマー、16安打で三位を確定した。

猛打もさることながら、広島勝利の原動力はなんといっても大野の快投。左腕から思い切りのいい速球をズバズバ決め込み、六回裏、柳原に二塁打されるまで1四球のみのノーヒット。その後も、九回、ヒルトンに二塁打されただけで結局2安打。昨年から百四十三試合、連続得点記録を続けてきたヤクルト打線に、ついに零敗の憂き目を味わわせた〉(『日刊スポーツ』一九七八年一〇月一〇日付)

その日、宿舎に帰ると、部屋に洋服の生地が並べられていた。

「江夏さんが〝お前の好きなのを選んでオーダーしてもらえ〟ってスーツをプレゼントしてくれたんです。本当に感激しました」

江夏との付き合いは、練習、試合に限られており、それ以外で一緒に出かけることはほとんどなかった。照れ屋の江夏らしい気遣いだった。

江夏が鍛えたのは投手だけではない。前年、七七年のドラフト四位で東洋大学から入団した捕手の達川光男は、大野との対談でこう語っている。

〈江夏（豊）さんなんか、ブルペンでもワシにボールを受けさせてくれんかった。「おまえに受けさせたら、調子が狂う。キャッチングが悪すぎる」と言われた。（中略）

古葉監督は「ユタカ（江夏豊）のボールをノーサインでも捕れるようになったら、試合でも使ってやる」と言ってくれた。それを江夏さんに伝えたら、言われたよ。

「もっと、もっとキャッチングの練習をしてこい。今のままじゃ下手すぎる。10万球受けたら、考えてやってもいいから」〉（『熱烈！カープ魂』　大野豊×達川光男）

そこで達川は打者がフリーバッティングを行うときの球をひたすら受け続けたという。そしてようやく江夏に球を受けることを認められたという。

達川と大野は同じ五五年生まれの同級生。達川との出会いも自分を成長させてくれたと大野は言う。

「最初は（性格が）合わないと思った。彼はよく喋る。ぼくはあんまり喋らない。彼は高校でも大学でも日本一になっているエリート、ぼくはドラフト外。でも話してみると彼なりに苦労していることが分かった。彼は記憶力が良くて洞察力、観察力がある。彼のリードを信じて投げれば大丈夫だと思うようになった」

翌七九年、カープはセリーグを制する。日本シリーズでも近鉄バファローズを破り、初めての日本一に輝いた。第七戦で最後に試合を締めたのは江夏だった。

八〇年シーズンを最後に江夏は日本ハムファイターズに移籍。江夏の後、大野は抑えを任されることになった。

「江夏さんがいなくなって、改めてその偉大さに気がついた。それまでぼくたちは江夏さんに最後を任せればいいと考えていました。当時のクローザーというのは、今のように一イニング限定ではなくて、七回、八回から投げて最後まで投げきる。自分は何度も失敗するんです。ぼくが出ていくと、スタンドから〝お前、もう投げるな〟って野次を飛ばされる。江夏だったらな、江夏がいたらなって比較される。それがすごく苦痛でした」

そんなある日のことだった。カープは甲子園でタイガースと拮抗した試合をしていたという。

前出の対談本から達川の証言を引用する。

〈前の試合で抑えに失敗した大野はこの日は絶対やり返すつもりで、ブルペンでもテンションを上げて肩をつくっていたと思う。ところが、お呼びがかからん。しかも試合はサヨナラ負けじゃ。まだ甲子園にラッキーゾーンがあって、そこがブルペンになっていた。ワシもブルペンにいたから、その光景を鮮明に覚えとる。ちょうど大粒の雨が降り出してきてね。試合が終わるや、大野が「もうこんなもん、いらんわ」と怒鳴ってスパイクを投げつけたんじゃ〉

達川はそのスパイクを拾うと、綺麗に磨いて黙って返したという。

「ベンチの采配に怒ったんじゃないんです。抑えを任されているのに、出来ない自分が歯がゆかった。力不足でした」

自分が江夏の幻影にとらわれていることに大野は気がついた。

「江夏さんは小さいときからの憧れの人でした。まさかその人とカープで一緒になって、野球を教わることが出来るなんて思ったこともなかった。自分は江夏さんに憧れ、江夏さんを追いかけていた。でも、ちょっと待てよと思った。プロで成長するにはいつまでも江夏さんを追いかけていてはいかんのではないか。江夏さんは別格の存在だ。自分のスタイル、大野豊のスタイルを出す。そう考えを変えるようになった」

自分の長所は何か、江夏に勝っている部分はないのか。

「江夏さんに勝てるのは若さとボールの勢い。メンタル的な部分、コントロールとか技術的な部分ではまだ勝てない。それはこれから磨きを掛けていけばいい。そう考えると楽になりました」

大野は八一年から八三年まで抑えを務めたあと、八四年から先発に転向した。そして再び九一年から抑えとなり二年連続でセーブのタイトルを獲得している。九三年のオフシーズンにはメジャーリーグのカリフォルニア・エンゼルス（現・ロサンゼルス・エンゼルス）から獲得の打診があった。三七歳になっていた大野の投球術をメジャーリーグが認めたのだ。しかし大野はこれを断り、カープに残留。九八年、四三歳まで現役を続けた。

大野と同じ五五年生まれには、江川、掛布、達川の他、横浜大洋ホエールズの遠藤一彦、読売ジャイアンツの山倉和博、ロッテオリオンズの袴田英利などがいる。その中で最後まで現役を続けたのは、ドラフト外の大野だった。

大野はこう言う。

「ぼくは一軍で本当に凄いと思われるようなピッチャーじゃない。どこにでもいるような選手なんです。そんな選手が、時間を掛けて少しずつ大切なことに気がついたり、自分の進むべき方向を見つけていった。期待されてプロに入っていれば、そんな時間は与えられなかったかもしれない。大したピッチャーじゃなかったから、壁を乗り越えるきっかけを見つける時間があったんですよ。ぼくは全てを一気に飛び越えていきなり成功できるというタイプじゃない。ぼくは初登板で大失敗している。プロとして大切なのは、ああいう失敗や挫折をどうやって乗り越えるか。失敗を糧に少しずつ階段を登った選手なんです」

最後に大野にこう訊ねてみた。

――ここに一八歳のときの大野豊がいたら、プロ野球選手として成功すると見抜けますか。

大野は「見抜けないですよ」と吹き出した。

「まずプロに入るような選手、人間じゃなかった。周りもそう思っていただろうし、自分でもそう思う。夏場にげっそり痩せて、覇気のない、あの一八歳の大野豊をプロに入れようと思う人はいない」

そしてこうも言った。

「自分一人だけで成功するっていうことはほとんどあり得ない。出会いとか巡り合わせで人間は出来ていく。そういう人と出会えるかどうかっていうのが大きいんじゃないかな」

今、テレビで野球を見るでしょ。俺、あの中でやっていたんだな、大した投手じゃないのにって不思議に思うときがありますよと笑った。

大野 豊（おおの・ゆたか）

1955年8月30日、島根県出まれ。出雲商業から出雲市信用組合（軟式野球部）を経て、1977年2月に入団テストを受けて合格。ドラフト外で広島東洋カープに入団した。1978年、南海ホークスから移籍してきた江夏豊とともにフォーム改造などに取り組み、81年には8勝11セーブ、82年には10勝11セーブをあげるなどリリーフとして才能を開花させる。8年目の1984年より先発に転向。同年の日本シリーズ制覇、1986年のセリーグ優勝に貢献。1988年には13勝7敗、防御率1.70で最優秀防御率のタイトルを獲得、沢村賞を受賞した。1991年にリリーフへ再転向すると、6勝26セーブを挙げ最優秀救援投手に輝き、セリーグ優勝の立役者に。1998年に現役引退。その後は広島東洋カープ投手コーチの他、04年アテネ五輪、08年北京五輪では野球日本代表の投手コーチを務めた。現在は野球解説者として活動している。最優秀防御率2回、最優秀救援投手1回、通算148勝100敗138セーブ、防御率2.90。

CASE 5

団野村

77年ドラフト外
ヤクルトスワローズ

一

一九五七年五月一七日、築地の聖路加病院——。

米軍映画協会の行政事務官、アルヴィン・エンゲルと福島県出身の伊東芳枝の間に長男が生まれた。透き通るような白い肌、光が当たると黄金色にも見える薄茶色の髪の毛、青い目をした男の子はドナルド・アルヴィン・エンゲルと名付けられた。愛称はダン——後の団野村である。

「親父はニューヨークで生まれてます。祖父はハンガリーからアメリカに移民してきた。祖母はドイツからの移民でミシガン生まれ。全員、ユダヤ人です」

最も古い記憶は、新宿の十二社に住んでいた二、三歳のときだ。現在の新宿区西新宿付近、新宿駅から西に進み、新宿中央公園を越えた一帯に当たる。そこから頻繁に引っ越しを繰り返した。

「十二社から六本木に移りました。今の六本木ヒルズの裏側に山崎パンの工場があったんです。その近くにあるマンションに四歳ぐらいまで住んでいました」

その後、父親の仕事の関係でニューヨークに短期間だけ住んでいる。

「覚えているのは雪が凄かったこと。雪の中を親から頼まれて煙草を買いに行ったり、雪かきしたり。それから日本に戻って五歳ぐらいのときに原宿。父親が軍関係の仕事をしていたので、ワシントンハイツ近くに住んでました」

ワシントンハイツとは第二次大戦後、アメリカ軍が駐留していた連合軍兵舎、家族用居住宿舎を指す。約九二万平方に及ぶ広大な敷地の中に八二七戸の住宅の他、学校、教会、劇場、商店などが完備されていた日本の中のアメリカだった。現在は代々木公園、国立代々木競技場、国立オリンピック記念青少年総合センター、NHK放送センターなどになっている。

「ワシントンハイツ内の幼稚園に通っていました。そこから広尾に移りました」

地名だけ聞くと高そうな場所ばかり住んでいるようでしょ、と団は悪戯っぽい笑みを見せた。

「でもね、昔は何にもなかったんです。広尾に住んで小学校は田町のセントメリーまで通ってました。広尾からチンチン電車の都電に乗って古川橋から魚籃坂を登ったところで降りる。坂を下っていくと学校だったんです」

セントメリーズ・インターナショナルスクールは一九五四年設立、外国人の子弟の受け入れを主たる目的としたインターナショナルスクールである。アメリカンスクールと呼ばれることもある。

「当時は一学年二クラス。一クラス四〇人弱だったから、七〇人とか八〇人」

団によると小学校に上がる頃、父親のアルヴィンは軍属を抜けて、妻とボウリング用具の輸入業を立ち上げたという。

ワシントンハイツから離れたことで、他の子どもとの差異を強く認識するようになった。

「アメリカンスクールには自分みたいなのが一杯いました。でも、外に出ると違うんです。家に帰る途中でほかの子と喧嘩をすると〝ガイジン、ガイジン〟って呼ばれる。週末、公園なんかに行くと仲間に入れてくれない」

こんな扱いですよと、団は「シッ、シッ」と指を動かして追い払う仕草をした。

「石を投げられたりすることもありましたね」

小学三年生のときに品川区旗の台に引っ越した。この頃、最初のグローブを手に入れた。

「五反田あたりにスポーツ店があって、そこでグローブを買ってもらった。軟球用でしょうね。それでキャッチボールをしていました」

後から父親も野球と真剣に取り組んだ時期があることを知った。

「アメリカにはサンドロットベースボールって、学生や働いている人間が週末に集まるリーグがあるんです。〝空地リーグ〟とでも訳せますかね。当時はドラフトがなかったので、メジャーの球団はそうした場所で選手をピックアップしていたんです。父は大学生のとき、ヤンキースのケーシー・ステンゲルから誘われたという話を聞きました。ただ、祖母が癌になり闘病生活に入っていた。プロに行くと家族を養うことが出来ないので野球は断念したそうです」

ケーシー・ステンゲルはニューヨーク・ヤンキースで一九四九年から五三年までワールドシリーズ五連覇を成し遂げた監督である。その頃、野球はまだ完全に産業化されておらず、一部の選手を除いて大金が稼げる職業ではなかったのだ。

そんなある日、母親が突然家を出て行った。

「なんで母親はいなくなったんだろうと思いながら、深くは考えていなかった。ある日ぱっといなくなったんですが、たまに帰ってくるんです。それが納得できなかった。普通の母親像というのは優しくて、子どもを護るマリア様のような感じですよね。うちの母親は全く違う。物を投げるは人をぶん殴るわで、母親っていう意識はあまりなかった。自分も気が短かったですから、お互いに戦いだったのかなと思います」

家には、父親と団と弟のケニーの三人が残された。女手が必要だろうと、母方の祖母や叔母が来てくれることもあった。

「ぼくも味噌汁や（インスタント）ラーメンを作ったりしていました。チャルメラが大好きでしたね」

インターナショナルスクールには頻繁に父兄参観日があった。しかし、芳枝は一度も顔を出したことがなかった。自分だけ母親が来ないことをひけ目に感じることもあった。

ある夜、こんな夢を見た――。

父兄参観日のために体育館にはパイプ椅子を並べてあった。そこに母親がぶつぶつと文句を言いながら歩いてきたのだ。

「また文句言っているよって夢の中で思っているんです。それでステージに上がって、ふざけるなとか言い出して喧嘩を始める。それで、ああ、もう来てくれなくていいって自分が叫ぶところで目が覚める」

ただね、と団は一呼吸おいて、穏やかな顔になった。

「今振り返ると、放り出されて厳しく育てられたことがぼくにとっては良かったと思うんです。そこは感謝してます。ぼくの自立心を養うためにわざとやった、というのならば最高の母親かもしれない。そこは一生分からないので、自分に都合のいい解釈をしているんです」

中学校に進学する前後、母親から連絡が入った。紹介したい人がいるという。団は弟と共に待ち合わせ場所に指定された原宿の中華料理店に向かった。

そこには母親と一緒に小柄でがっちりとした男が座っていた。野村克也である。

二

野村克也は一九三五年六月二九日、京都府竹野郡網野町で生まれた。五四年、峰山高校からテスト生として南海ホークスに入団。三年目の五七年から正捕手に定着している。このシーズンに三〇本の本塁打を打ち初タイトルを獲得。六一年から六八年まで八年連続本塁打王。六五年には戦後初の三冠王となった日本を代表する強打者だった。七〇年からはホークスの監督を兼任していた。

しかし、団は野村を知らなかったという。

「当時、テレビ中継があったのは巨人戦だけ。ぼくの中では長嶋（茂雄）と王（貞治）が世界一だと思っていた。パ・リーグなんか見たことがなかった。ああ、プロ野球選手なんだと思った程度です。それで後から調べたら、すごい選手じゃないですか。長嶋さんよりもホームランを打っている」

後日、野村から誘われて後楽園球場へ東映フライヤーズ戦を見に行くことになった。

「客がいないんですよ。新聞には観客五〇〇〇人とか書いてありましたけど、おそらく数百人程度。内野席なんかがらがら、どころか、ちょんちょんとしか座っていない。寂しかったですね」

それからホークスの関東開催での試合、つまりフライヤーズ戦とロッテオリオンズ戦は、ほぼ全試合観に行くようになった。

オリオンズは荒川区南千住にある東京スタジアムを本拠地としていた。東京スタジアムはサンフランシスコ・ジャイアンツのキャンドルスティック・パークを模して小振りにした、美しい球場だった。

「東映よりもオリオンズのほうが客が入っていたかもしれませんね。オリオンズの（アルト・）

ロペスの息子がうちの弟と同級生だったんです。ロペスは小柄なんですけれど、ガーンと打つとよく飛ぶ。（ジョージ・）アルトマンも凄かったですね」

ロペス、アルトマン共にメジャーリーグ経験のある外国人選手である。

団はいつも試合前から球場へ行き、野村の打撃練習をじっと見ていた。

「ボールってあんなに飛んで行くんだなと思うぐらい、簡単に（スタンドへ）放り込むんです。一〇球打ったら七球はスタンドに入っていましたね」

野村の打撃練習が終わった後、若手選手だった高畠導宏《たかばたけみちひろ》がバットを持ってきたことがあった。

そして「見てみろ」とバットのヘッドの部分を指差した。

「監督のバットはここしか汚れないんだ」

ボールの当たった部分が帯のように黒くなっていた。どんな球であっても常にバットの芯で捉えていることを教えたのだ。

後に高畠は腹心の部下、コーチとして野村を支えることになる。

「そのときは（野村の）凄さが分からなかったんです。いかにも簡単にホームランを打つじゃないですか。（野村）監督は躯が大きいわけじゃない。これならば自分でも出来るなと思いました」

それまでグローブは持っていたが、野球に夢中というわけではなかった。

「スポーツは好きでバスケットやったり、ソフトボールをやったり、サッカーしたり。周りの友だちはエンジニアになりたい、パイロットになりたいなんて言ってましたが、自分は将来、何かになりたいと考えたことがなかった。監督と出会ってプロ野球選手になりたいと思ったんです」

野村は時間があると団に話をするようになった。

「監督の面白いのは、三冠王になったとか、ホームランを何百本打ったとかそういう話をしない。自分が駄目だった話をしてくれました」

――うちは貧乏で新聞配達して母親を助けた。

――就職が決まっていたんだけれど、プロに入れば金を稼げるんじゃないかって、球団にテストを受けさせてくれと手紙を出した。

――テスト生で入ったので、お金がなくて学生服で移動していた。

――キャッチャーで入ったけど、最初は〝壁〟だった。壁っていうのは、ボールを壁のように受け続ける選手のこと。キャッチャーとして認められていなかったんだ。

自分も彼のように努力してプロ野球選手として這い上がっていこうと決心した。野村は団にとって最初の人生の師となったのだ。

セントメリーズの中学校には野球部がなかった。そこで団が中心となって作ることになった。

「父兄が監督になってくれて、青山の中学校などと対外試合をしました。そのときはサードで四番、もしくは三番。結構打っていた記憶はありますね」

公式戦に参加するようになったのは高校生になってからだ。

「セントメリーでは小学校六年、中学校二年、高校が四年なんです。グレード九、つまり九年生から高校。日本では中三。一年目でショートのレギュラーになって、インターナショナルスクールと（アメリカ軍）基地の子どもたちのチームとのリーグ戦に出てました。三月から五月、一四試合ぐらいだったかな」

リーグが行われるのは一年に一回。二年目のリーグが終わった後、野村から野球を真剣にやる気があるのかと訊ねられた。団が頷くと、それならば日本の高校野球を経験したほうがいいと言われた。

「本当は中学生のときにシニアリーグやボーイズリーグに入っていれば良かったんですけれど、当時はそこまで考えていなかった。高校生になるとそうしたリーグがない。アメリカンスクールの夏休みは長くて、三カ月ぐらいあるんです。その間にどっかの野球部に行くという話になったんです」

野村が探してきたのは豊田義夫が監督を務める近畿大学附属高校だった。

近大附属は一九三九年に日本工業学校として開校。四九年に現在の名称となった。野球部は六七年春、甲子園に初出場している。

豊田によると野村と面識はなかったという。ホークスの関係者が豊田と付き合いがあり、なんば球場で団、野村と会うことになった。

その場で豊田は条件を出している。

高校野球は教育の延長である。部員の生活態度から礼儀作法、グラウンドのマナーまで全て指導する。外部から来たからといって、特別扱いはしない。それで良ければ受け入れる、と。

近大附属は帽子、制服、靴まで全て指定されていた。グラウンドに来るときにはその格好で来て欲しい。そして、こう付け加えた。

「特別扱いはしません。逆に他の部員の目もあるので厳しく接するかもしれません」

野村は「思うようにやってもらって結構です」と頭を下げた。

豊田が冷ややかともいえる対応をしたのは理由があった。喧嘩っぱやく、インターナショナルの教師や母親が手を焼いているという団の噂を耳にしていたのだ。

この日、団は豊田が姿を現しても立ち上がって挨拶することもなく、椅子にどっかりと腰掛けて話を聞いていたという。

三

豊田は一九三五年に大阪府八尾市で生まれた。五六年秋から母校である近大附属の野球部コーチに就任、六五年に監督となった。「キンコー（近大附属）の鬼」と呼ばれるほど厳しい練習で知られていた。

団は初めて練習に行った日のことを鮮明に覚えている。

「監督から明日三時に山本球場に来なさいと言われたんです。ぼくは道を聞いて自転車で出かけたんです。そうしたら一〇〇人ぐらいの部員がぶわーって次々に〝ちわー〟って挨拶してくる。えらいところに来たなと思いました。それでキャプテンのところに行くと、〝ああ、お前か、聞いているから着替えろ〟〝荷物はそこに置け〟と。ぼくの担当だという三年生の金銅宏親さん（現・羽曳野市議会議員）がばっと来てくれた。その方が言葉遣いから全部教えてくれたんです。ぼくはアメリカンスクールに行っているので、敬語の〝け〟の字も分からない。野村監督と話すときに使う程度です。それからぼくは金銅さんに付いて回って。もう金魚の糞状態ですよ」

練習は午後三時半から始まった。

「全然、水を飲ませて貰えない。そのうちに六時ぐらいになって辺りが薄暗くなってきた。それでも練習が続くんです。目を必死で凝らさないとボールが見えない。それをちゃんと捕って投げているんです。みんな、目がいいなぁ、なんて思っていました。それから夏の大会が始まるまで、毎日、日が暮れて練習が早く終わらないかなと思っていました」

東京育ちの団にとって、関西弁も新鮮だった。

「初日にノックを受けていたときに、ぽろっとボールをこぼしてしまった。そうしたら監督から〝この餓鬼、どついたろか〟って言われた。ぼくは何を言っているのか分からないので〝はい〟って返事した。そうしたら後ろにいた同級生が〝いいえって言え〟って。監督も笑っちゃって、〝もうえぇわ〟って」

練習が終わった後に、その同級生に〝どつく〟とはどういう意味かと訊ねた。彼はそんなことも知らないのかと呆れながら殴ることだと教えてくれた。この同級生、森田昇は近畿大学そして日本生命に進み、八四年のロサンゼルスオリンピックに出場している。

ホークスの野村と豊田は同じ年だった。同じ野球界にいるといっても、野村はプロ野球のスター選手である。その野村から預かった団に万が一のことがあってはいけないと、上級生にこう通知を出していた。

――下級生に対して気をつけろという指導は構わない。ただ、高圧的な態度で暴力を振るうことは許さない。そうしたことが分かった場合、即クビにする。

しかし、その心配は杞憂だった。団は従順に近大附属野球部のしきたりに従順で金銅たちも親切に世話を焼いてくれた。

団は当時の話をするうちに記憶が頭に蘇ってきたのか、「なんと言っていいのかな」と口の端に笑みをたたえた。

「高校野球って軍隊なんだと思いました。アメリカンスクールの選手とコーチの関係は〝ハーイ、トム〟〝ハーイ、ジム〟みたいなものでした。それがこれです」

団は両手をピンと伸ばして腰の辺りにつけた。

「監督の前では直立不動。アメリカンスクールだとエラーすると〝ナイス、トライ〟。ところが近大附属だとバーンと殴られる。いや、殴られるどころじゃないです。エラーしたら監督がノックしているホームベースまでダッシュで行かなくてはならないんです。それで殴られ続けて（その勢いで後退して）元のポジションに戻るんです」

練習は厳しかったが、逃げ出そうと思ったことはなかった。

「東京に帰っても行くところがない。（母親の実家がある）福島のお婆ちゃんのところで夏を過ごすしかない。一週間ぐらいすると誰が同級生なのか分かってくるじゃないですか。彼ら同級生たちが声を掛けてくれた。〝お前、東京弁やめろや、気持ち悪いから〟とか言われて」

近大附属には上級生がグラウンドにいる限り、一年生は引き上げることが出来ないというきまりがあった。

「練習が終わっても水を飲んではいけない。寄り道をしてもいけないんです。ただ、先輩たちがいなくなると、みんなで水道のところまで走って、がーっと水を飲んで、帰りにコーラを買って飲む。それが楽しかった」

三カ月の滞在が終わり、団は東京に戻った。母親から団が野球に熱中することを快く思っていなかったと聞かされた。近大附属のような厳しい練習を経験させれば、二、三日でしっぽを巻いて帰ってくるだろう。野球を諦めさせて、勉学に注力させるため大阪に送ったのだという。

野村も団の変化に驚いた。何かを訊ねたとき、団はさっと立ち上がり「はい」と答えた。挨拶は出来るし、別人のようになったと野村は目を細めた。

四

二年目の夏からは八尾市にある豊田の自宅で生活するようになった。豊田は妻に団を特別扱いしないように命じた。豊田には二人の子どもがいた。団は少し年の離れた兄のように一家に溶け込んだ。もちろん食事も一緒である。団が気に入ったのは、東京とは出汁の味が全く違う、うどんだった。そのため、豊田家ではしばしば、うどんすきが出された。

豊田は、団に体育会的な礼儀作法、人との付き合いの他、家族のぬくもりを教えたともいえる。豊田は彼の二番目の師となった。

そんな豊田の悲願は夏の甲子園に出場することだった。

その目標を達成するには大阪府は日本で最も酷な地区である。参加校は一〇〇校以上、浪商、

ＰＬ学園、北陽、大鉄、興國、明星――「私学七強」と呼ばれる強豪校がひしめいていた。団が大阪で過ごす二回目の夏、七四年の大阪府大会では、準々決勝でＰＬ学園と対戦、三対九で敗れている。

大会後、三年生が抜け団の同級生が最上級になった。

団はこう振り返る。

「ぼくの学年は大阪で最強と言われていたんです」

その言葉通り、新チームは秋の府大会で優勝、近畿大会に進んだ。準々決勝で兵庫県の報徳学園に敗れたものの、翌七五年春の選抜高校野球の出場権を手にした。

三月三〇日に甲子園で行われた宮城県代表の仙台育英との試合を観戦するため、団は甲子園まで足を運んでいる。

「同級生が甲子園のグラウンドに出たとき、嬉しくて涙が出てきました」

インターナショナルスクールに籍のある団は公式戦はもちろんだが、対外試合にも出場できなかった。それでも我が事のように喜んでいたのだ。しかし、近大附属は四対七で敗れた。

そして夏の大阪府大会を迎えた。

近大附属は五回戦まで勝ち抜いた後、準々決勝でＰＬ学園を下した初芝と対戦。九対三と勝利している。準決勝の相手は北陽だった。

団はあの試合はよく覚えていますよと言った。

「日生球場ですよね。一塁側で応援していました」

試合は初回から動いた。一回裏、北陽は一番打者が四球を選び出塁。続く二番打者の打球は一塁手へのゴロとなった。しかし、球が一塁前で大きく弾み、右翼へ転がる。二人の走者が塁に出た。三番打者の打球は前進守備をとっていた遊撃手の後ろに落ちる安打となり先制点が入った。さらに後続の打者の犠打により一点を加えた。

近大附属も二回に一点を返したが、以降は北陽の投手、岡田の前に追加点を奪えない。試合は一対二で終わった。

北陽の投手の岡田は四番打者でもあった。後に、早稲田大学を経て阪神タイガースに入団する岡田彰布である。

「(岡田は) 肩が良くて、球は速かった。バッティングも凄かったですね」

甲子園を目指す同級生たちとの夏が終わり、団は東京に戻った。

五

高校卒業後、団はアメリカの大学に進学することになっていた。

「ぼくの通っていたアメリカンスクールは日本の学校教育法上の教育機関として認められていなかったので日本の大学に行けなかった。（野村）監督もアメリカの大学に行きなさいと」

進学先はカリフォルニア州立ポリテクニック大学と決まった。

「大学の野球部の監督のお兄さんが日本にいたんです。そのお兄さんとうちの親が仲良かった。それで紹介して貰って入りました。コネですよ、コネ」

渡米前、力試しのつもりで読売ジャイアンツのテストを受けている。

「行く前に時間があったのでテストを受けてみたんです。遠投は一〇五メートルぐらい投げたのかな。バッティングでもそこそこ打てた。足があんまり速くなくて、規定では五〇メートル六秒五に入らなくてはならなかった。ぼくは六秒七だった。それでも合格。二次もバッティングと遠投。ただ、三次テストに来て欲しいという連絡が来たとき、すでにアメリカにいました」

アメリカでは自分の身長、一七九センチの躯の小ささを見せつけられることになった。

「遠くから二人ぐらいが話しながら歩いてくる。二人とも同じぐらいなので、そんなに大きく感じなかったんです。近くに来ると二メートルぐらいある。守備に関しては近大附属でノックを受け続けていたからだと思うんですが、すごく褒められました」

問題はバッティングだった。

「監督から〝構えはメジャーリーガー、結果はリトルリーガーだ〟って言われました。じゃあどうしたらいいんですかって訊くと、〝線が細すぎるから、ウエイトトレーニングをやりなさい〟。そこから毎晩、ウエイトトレーニングと素振り。肩も強くしなきゃいけないって、肩のためのドリルを毎日やっていました」

寝そべって、腕だけで力一杯ボールを投げる。これを二、三〇球繰り返す。その他にも腕を使った練習法を教わり肩が強くなったという。

「練習は短いんです。ただ、技術的に細かく教えてくれる。例えば、ボールを捕って、ステップして投げる。そのとき、どっちの足に重心を置くとか、バランス、投げ方など。（塁に出たときの）リードの仕方、スライディングのやり方も細かく監督に教えて貰いました」

野球部には能力の高い選手が集まっていた。

「ぼくが一年生のときの四年生たちは、レギュラー九人のうち五人がドラフトに掛かりました。その中で最終的にメジャーに行ったのは二人だけでしたが」

そして、二年生から試合に起用されるようになった。

「アメリカではチームを組んでどんどん試合をやるんです。週四回。でもなかなか打てなかった。最初は三番でしたね。その後は、七番、八番に落とされたこともありました」

選手の特性を見て、合理的かつ科学的な基礎トレーニングを施し、実戦を積み重ねる。これがアメリカの育成方針なのだと団は理解した。

二年生終了と共に日本に帰国。大学を中退してもう一度、日本のプロ野球のテストを受けることにした。

「アルバイトをしながら大学に行って、野球をしていた。その生活は大変でした。お金がなくなってきたのもあるし、早くプロ野球選手になりたいという気持ちもあった」

近大附属の練習に参加し、大阪府豊中市刀根山にあった野村のマンションに泊まることになった。隣には前年にホークスへ移籍してきた左腕投手が住んでいた。

江夏豊である――。

六

江夏は一九四八年に奈良県吉野郡で生まれた。生後半年で一家は兵庫県尼崎市に移っている。大阪学院大学高校に進み、六六年のドラフトで四球団から一位指名を受けた。抽選の結果、阪神タイガースに入団。最多勝利と最優秀防御率、最優秀投手、沢村賞も獲得した、球界を代表する投手である。その類稀な才能と同時に、孤独の影と面倒見の良さ、気ままさと義理堅さといった矛盾した部分を併せもつ複雑な男だった。周囲との摩擦もあり、七六年一月にタイガースから南海ホークスへトレードされることになった。

江夏は自伝『左腕の誇り』の中で、こう書いている。

〈はっきり言って、僕は南海に行く気はなかった。その時点で現役は終わってもいいなという気持ちが半分ありました。阪神の江夏のまま終わりたいという気持ちがあった。人間不信になっていたし、野球に対する情熱が薄れかけていた。通告を受けてまもなく、『日刊スポーツ』の花崎さんという南海担当の記者から、行く行かないはべつとして、いっぺん野村監督に会ってはどうかと言われました。じゃあ、食事でもしようかということになって、大阪のプラザホテルで二時間ほど野村監督と話し合うことになったんです〉

ホークスの監督だった野村は、江夏のような人間の扱いを心得ていた。江夏が広島東洋カープの衣笠祥雄から三振を取った球種から話を始めて、トレードについては一切触れなかった。そんな野村に江夏は興味を持ち、ホークス入りを決心したという。

江夏は胸襟を開いた相手には忠実な男である。七六年シーズン途中から野村の言葉を受け入れて、先発からリリーフに転向していた。

野村の自宅に滞在していた団は、江夏そしてホークスの同僚である柏原純一たちとの練習に加わることもあった。

その後、団は東京に向った。読売ジャイアンツのテストを再び受けるためだった。そして一次テストに合格した。

事件が起こったのは、一九七七年九月二四日の夜だった。

七

その日、ホークスは日本ハムファイターズと後楽園球場でナイトゲームを行っていた。試合終了後、緑が丘の自宅に野村は向かった。そこにはジャイアンツの二次テストを控えていた団もいた。

「日刊スポーツで監督と仲の良いデスクの方から電話があったんです。〝監督申し訳ない、明日一面解任で行きます〟っていうんです。監督が〝なんの話だ〟って訊くと、ああでこうでと説明してくれた。電話の後、すぐに〝高畠を呼べ〟〝江夏を呼べ〟〝柏原を呼べ〟って。それでみんな来て、朝まで話していました。ぼくと高畠さんと柏原さんで都立大学の駅まで行って、その日の新聞を全て買ってきました。どのスポーツ紙も一面〝野村解任〟でした」

『日刊スポーツ』は一面に〈野村監督　解任〉〈公私に球団の信頼失う〉〈川勝オーナーが〝断〟〉という見出しを打っている。

〈南海・川勝伝オーナーは二十四日夜、大阪・高石市羽衣の自宅で「野村監督解任」を表明した。同オーナーは野村監督兼捕手（四二）が公私ともにトラブルが多く、実績があがらないところから今季限りで解任の断を下したもの。同監督はこれに伴い退団。二十四年間のプレーヤー生活にも終止符を打ち、今後は評論家としてスタートするもようである。（中略）

すでに一部週刊誌で伝えられているように、現在野村監督は正子夫人と別居生活を続けているが、これが川勝オーナーの信を失った最大原因である。四十六年、現在二軍ヘッドコーチの小池選手、現クラウン二軍コーチの三浦投手と対立、五十年暮れには門田選手とも監督、選手の立場を越えて衝突した。

当時野村監督は東京遠征の度に宿舎には宿泊せず、単独行動を取り、試合開始直前に球場に駆けつけたこともあるという。このため「選手に厳しく、自分に甘いのは監督としての統率力を疑う」と門田は発言した。その後、野村監督も自分の行き過ぎた行動を反省、門田とも和解して野球に打ち込んでいたのだが、正子夫人との別居生活は従来通りで、この辺が野村選手は青少年のアイドル、と考える川勝オーナーの意に背く結果となった。

また野村監督は野村企画を経営、南海のファン・ブックを球団から委託されて製作しているが、この辺も公私混同、と解釈されたようだ〉（一九七七年九月二五日付）

「私」の〝トラブル〟とは団の母、沙知代こと芳枝との疑似婚姻関係である。

これに対して、野村は『週刊文春』の手記で反論している。これによると、監督就任一年目から断続的に自分を外そうという動きがあったという。それをはっきりと感じたのは、この年の八月中旬、球団代表に呼び出されたときだった。

〈――キミは、つきあいのある女性を選手用のバスに乗せたというが本当か。その女性は、選手に電話をして野球のことであれこれ指導しているというじゃないか。監督室に入りこんでいるという話も聞いておる――

ああ、また誰かが事実をゆがめて告げ口したな、と思いながらも、私はひとつひとつ実情を説明した。

バス同乗の件は、球場のそばというのはタクシーがひろいにくいので、便のいいところまで三分間だけ、それもこの八年間にたった一回乗せたことがある。このバスには私設応援団の人たちもよく乗るし鶴岡監督の奥さんもしょっちゅう乗っていたので、彼女のことだけを特別にいうのはうなずけない。

選手のプレーについて口を出すなんてことはあり得ない。

監督室の件は、球場から帰るときに（私は選手全員が退去したあとから帰るのがツネであったので）、誰もいない時間帯に彼女と待ちあわせしているだけのことで、部屋の中で特別な話をするわけではない——こんなふうに説明しながらも、なぜこの程度のことでとやかくいわれるのか情なくて仕方がなかった〉（『週刊文春』一九七七年一〇月一三日号）

その後、野村の後任監督となる、広瀬叔功の態度が急変したという。

広瀬は野村よりも一つ年下に当たる。広瀬もまたテスト生としてホークスに入団。俊足、好打の打者で六一年から五年連続盗塁王、六四年には首位打者のタイトルも獲得している。野村、門田博光と並ぶ、ホークスの看板選手の一人だった。しかし、直近五年間は出場機会を大きく減らしていた。

〈そうこうするうちに、広瀬（叔功、新監督）がまったく唐突に、今季限りで引退することにした、と私に告げにきた。わずか数試合しか残っていない中途半端な時期に、彼はなぜこんな態度に出たのか。「こいつ、なにかあるな」と思った。はたして引退声明をしてからの広瀬の態度がガラリと変わった。これまでもチラホラと見せてきた面を、これ見よがしにむきだしにしてきた。

「今日は、ワシは休ませてもらいまっさ」

「コンディション悪いから上がらせてもらいまっさ。でも明日のダブルはベンチ入りさせてもらいまっさ」

すべて勝手に決めてしまう。いったい誰が監督だというか。（中略）

その事前工作として広瀬をとりまく人脈の側から卑劣な噂話が流れ出た。

「あの女は総監督や。監督は尻にしかれとるんや」「もう女にきりきり舞いされとるそうや」「トレードでもなんでも、あの女がやりかねん」

ある選手はこうもいった。「試合のおわったあと、ロッカールームで広瀬さんが監督（私のこと）のことをいかに悪口いっているか、テープにとって聞かせてあげたいくらいですよ」

八年間に及ぶ追放工作の最後の切り札として、〝彼女〟は選ばれたのである〉

野村は自身の結婚関係はすでに破綻しており、離婚調停に入っているとも書いている。

この手記によると、広瀬を操っていたのは元監督の鶴岡一人だという。広瀬は鶴岡の子飼いの選手の一人であった。広瀬を監督に据えれば、ホークスを自分の意のままに動かすことが出来ると考えたのだろうと推測している。

解任を知った夜、野村が「鶴岡にやられた」と口にしていたのを団は覚えている。

一連の報道の中には、団に関するものも含まれていた。

〈試合前の練習に、野村監督は愛人が先夫との間に生んだ長男（先日、巨人軍の新人募集で一次テストに合格）に自分の背番号19をつけた古いユニフォームを着させ、バッティング練習をさせたらしい。

「それをゴマすりコーチが一生懸命ビデオに撮っている。大事な試合前の練習だというのに、このざまでしょ」（ある選手）〉（『週刊現代』一九七七年一〇月一三日号）

団はこの直後、ジャイアンツの二次テストを受けている。

「とにかくテストで調子が良くてバンバン打っていた。新聞記者やフロントの人も〝（入団）確実だね〟って言っているような感じでした」

ところが送られて来た通知には〈不合格〉と書かれていた。

野村の解任騒動のとばっちりを受けることになったのだ。団が不合格になったことを知ると、野村は「申し訳ない。俺のせいで駄目になった」と頭を下げた。

八

そこで野村は一案を講じた。

「ヤクルトの広岡に電話するって言われたんです。広岡さんは〝そんなことで子どもの一生が変えられてしまうのはおかしい〟っていうことになった。これも野村戦法だったのかもしれません」

ヤクルトスワローズの監督、広岡達朗は自分が現役を過ごした読売ジャイアンツを半ば追放されたことを根に持っていた。その対抗心を野村は利用したのだ。

「そこで、神宮で行われていた秋季練習に一カ月参加して、見て貰うことになったんです」

スワローズの練習場に行くと、大杉勝男が「おおっ」と声を掛けてきた。

「ぼくは監督について、何度もオールスターに行っていたんです。そのとき、大杉さんは高畠さんと仲が良かったこともあって、可愛がって貰っていました」

練習場で思わず見入ったのは、若松勉の打撃練習だった。

若松は七〇年にドラフト三位で電電北海道からプロ入り。終わったばかりの七七年シーズンでは三割五分八厘で首位打者を獲得していた。

「若松さんのバットも監督と同じように芯のところしか汚れていないんです。それで何度も打っているうちに、その部分がささくれ、割れてくる。本当に機械みたいでした。ステップする場所も全部一緒なんです」

ステップとはバットを振る直前に足を開くことである。

「ステップする場所が同じだから、そこだけが（地面が）掘れて土が横に盛り上がっていくんです。あの人は一七〇センチもなく小柄ですけれど、平均一四〇メートルぐらい飛ばしてました。ホームランを打とうと思えば年間四〇本は打てたでしょう。それを捨てて安打に徹していた」

そして、もう一人がチャーリー・マニエルである。

「彼は化け物でしたね。（バッティングゲージの中から）〝こうやって打つんだ。ほら飛んで行くだろ〟って打ちながら、教えてくれるんです。〝よし、次はセンター〟っていうといとも簡単にセンターに打ち返す」

マニエルは七六年にロサンゼルス・ドジャースからスワローズに入団したウエストバージニア州出身のアメリカ人打者だった。

ぼくが知りたいのは、どうやったらこんな簡単に球を捉えることが出来るかなのだ。団が英語で問うとマニエルは事も無げにこう答えた。

「だから、こうやって打つんだよ」

マニエルが軽くバットを振ると、心地良い音を残して球は飛んでいった。

「あれで肩と足があったら日本には来ていない選手でしたね」

一カ月の練習参加という入団テストに合格した。

「確かドラフトが終わった後だったと思います。最初、背番号はなかったんですよ」

団のスワローズ入団の記事は見つけることは出来なかった。合格直後、手術の準備に入っていたからだろう。

「膝が悪かったので球団に伝えて、翌年一月にアメリカで左膝の手術を受けました。（フランク・）ジョーブ博士のグループで、膝の専門家だったカーター先生が手術してくれました」

フランク・ジョーブは、トミー・ジョン手術で知られるスポーツ医学の権威である。

「手術自体は全身麻酔で一、二時間で終わったんじゃないかな。手術後の回復は早くて、すぐにジョギングは出来るようになったんです。ただ、バッティングは膝を捻る。だから、痛みが出て、水が溜まったりしてなかなか治らなかった」

翌七八年シーズン、スワローズはアメリカのアリゾナ州ユマで始動している。スワローズが国外でキャンプを張るのは初めてのことだった。これは広岡の強い要望だったという。

「膝が悪いので野球をしなくてもいいから通訳をやれって。田口さんという後に球団代表になる方と一緒に（選手たちよりも）早めにユマに入りました。田口さんと同じ部屋に泊まって、準備、段取り、通訳兼運転手、何でもやりました」

ユマではサンディエゴ・パドレスとの合同練習も行われた。

「パドレスはアルビン・ダークという人が監督でした。彼と広岡さんが野球の話をするのを通訳しました」

そのとき、パドレスにはマイナーリーグから上がってきたばかりの若い選手がいた。ひょろりと背が高い黒人の遊撃手だった。彼を指差してダークはこう言った。

「こいつは打率一割台でいい。いや、零でもいいぐらいだ。こいつの守備で何試合勝つか分からない」

身軽な動きで、難しい球も飛びついて捕ってしまう。そして、肩も強い——。

一九八〇年から一三年連続でゴールドグラブ賞を獲得し、野球殿堂入りしたオジー・スミスである。

「広岡さんも彼のプレーを見て感動していました。セカンドとショートが良くなきゃいけないって、ダーク監督と意気投合していました。ピッチャーの強化、若手とベテランの共存、大切なのは守備だとか、二人の野球の考えは似ていたんです。それを通訳として聞くことが出来たのは、すごい財産となりました」

キャンプが終わり、選手たちが帰った後、後片付けを済ませて日本に帰国した。

四月一三日付の『サンケイスポーツ』にこんな記事が載っている。

〈ヤクルトの新人テストに合格。ユマ・キャンプに〝通訳〟の肩書で参加したダン・伊東克晃(20)=1メートル82センチ、85キロ、右投げ右打ち=がテスト生として、ファームにまじって練習を始めた。ダン君といえば、ロッテ・野村捕手の義理の息子さん。「どうしてもヤクルトで

プレーしたい」と留学していたカリフォルニア・ポリティニック・ボナモ大学を二年で中退、帰国して練習に加わったもの〉

二〇歳のとき団は日本国籍を選択、母親の姓を名乗り「伊東克晃」となった。その後、母が野村と再婚したため、野村克晃と姓が変わった。

同時期に発売された『週刊ベースボール』にも同様の記事がある。

〈「日本人国籍のため入団には問題ありません。ドラフト外入団という形になります」(佐竹広報部長)ということで、すでに11日から戸田寮(埼玉県戸田市)にはいっている〉

団によると比較的若い背番号で空いていたのは、四二番のみ。それ以外は八〇番代だったという。そこで団は四二番を選んでいる。

九

スワローズ時代の話を聞くと、団は俯きがちになる。

「一年目は二軍で膝が悪いので試合にも出られない。何度も水が膝に溜まってしまうんです」

六月に一度、一軍のベンチに入っている。ただし、選手としてではなかった。

「マニエルと通訳が門限までに帰ってこなかったんです。それで何日か処分を受けることになった。ヤクルトにはもう一人、（デーブ・）ヒルトンという外国人選手がいたんです。ヒルトンの通訳が必要だからって、広島に行きました」

このシーズンは団によると二軍戦で数試合出場しただけだという。

二年目も二軍での生活が続いた。イースタンリーグでの出場も限られていた。

団は、喧嘩ばっかりしていましたねと、渋い顔をした。

内野でノックを受けていたときのことだ。団はグローブを出したが、捕ることができなかった。

「もう一本」

団がノックを打っているコーチに頼んだ。するとコーチは「どけ」とだけ言った。団が嫌だと返すと、コーチはバットで球を遠くに飛ばした。

「捕りにいけないじゃないか」

団が叫んだ。すると今度はバットを強く振り、団の正面に打った。かちんときた団は球を掴みコーチめがけて力一杯投げた。コーチはかろうじて避けると、何をしているんだと怒鳴った。頭に血が上った団が駆け寄ろうとした次の瞬間、他のコーチから羽交い締めにされ、殴られた。

「監督に〝なぜもっと使ってくれないのだ〟と言いに行くと、三週間ほど全く起用されなかった。そして他の選手の前で、なんで使ってくれないのかと言いに来た奴がいるみたいな話をする。それを聞いて、ああ、と思いましたよ」

団が二年間のアメリカでの大学生活で学んだのは、野球は実戦でのみ上達するということだ。巧くなるには試合に出して貰うしかない。そんな当たり前のことを主張すると、こういう仕打ちに遭うのだと暗い気持ちになった。

「一番試合に出たのは、(三年目の)八〇年じゃないですか。そのときはセカンドですね。入ったとき、たまたまセカンドがいなかったんです。誰か怪我をしたときに、〝セカンド出来る奴いるか〟って言われたときに〝はい、出来ます〟って答えたんです。本当は全然出来ない。やったこともなかった。とにかく試合に出たいと思っていたんです。そこからセカンドとサードで試合に出てました」

打順は七番か八番を任されることが多かった。二塁手ならば堅守、三塁手ならば強打が要求される。団はどちらも中途半端だった。

「野球の壁だけじゃなくて、生活の壁とか習慣の壁とか。日本で育ったものの、アメリカの大学に二年間行くと、感覚が変わってしまうんですね。プロの習慣、球場での立ち居振る舞いとか、どうにも溶け込めなかったですね」

球場、グラウンド以外でも孤独だった。

「休みの日になってもお金がないから出かけられないんです。だから、寮の周りにある瓶を集めて酒屋で現金に換えてもらってました」

ケチな人生ですよと、冷ややかに笑った。

団は、理不尽さ、人の狡さを見逃すことが出来ない一面がある。それが爆発したこともあった。

「在日の選手たちに対して、バスの運転手が〝あいつらは毛色が違う。国が違うからだよ〟とか平気で言っているんです。ある選手がそれをぼくに教えてくれた。そこでぼくは彼の自家用車の上に乗って、ションベン掛けて、ボンネットの上でジャンプしてぼこぼこにした。そうしたら翌日、警察が来ました」

寮長は選手たちを集めて、誰がやったのか訊ねた。すると団は手を挙げた。

「なんでやったのかと言われたので、説明しました。そうすると寮長から〝そういうことがあったとしても、やっていいことと悪いことがある〟って延々と説教を受けた」

その寮長は普段から一切分け隔てなく公平に選手に接する男だった。団は大人しく話を聞き、運転手に謝罪した。

「弁償しますって言ったら、保険で直すからで終わりました。あの頃はよく悔しくて泣いていましたね。試合に出られなかったり、悔しい思いを一杯しました」

　翌八一年が団にとって最後のシーズンとなった。

「この年の春は自分なりに打撃のコツを掴んで、すごく調子が良かったんです。それでオープン戦に出してもらったら四打席で三つの三振。そっから全然使って貰えなくなった。この年、若手の高校生を沢山獲っているんです。彼らにチャンスを与えるというのもあったと思います。さらに、バッティング練習をしているときに空振りしたら、パキッて音がした。ちょっとおかしいなと思いながら二、三日やっていたんですが、四日目の朝起き上がれなかった。腰をやって一カ月寝たきり。戻るまでに計三カ月です」

　すでに八月が終わろうとしていた。もはや自分の戻る場所はないだろう。団は球団と来季の契約について話し合うことにした。

「来季の構想に入っていないとは思います、入っていないならば秋季練習には出たくありませんって言ったんです。現役引退ですよね。そうしたら、ヤクルトの社員になってメキシコに行かないかと誘って貰いました。でも、ぼくはありがたい話ですけどって断りました」

　四年間で一軍出場は零という通算成績だった。

「一軍の壁の前に二軍の壁が越えられなかった。やっぱり素質がなかった。でも野村監督には感謝しています。プロ野球の世界を四年間経験させてもらったことは財産だし、仲間もできた。結果はどうあれ、ぼくとしてはすごく良かったと思っています」

そして団はアメリカのロサンゼルスに向かった。朧気に考えていたのは、メジャー球団のフロントに入ることだった。アメリカの仕組みを学んだ後、日本に帰国しプロ野球を変える——。

しかし、それは甘い見通しだったとロサンゼルスに着いてすぐに知ることになる。

一〇

アメリカ移住からの数年間、団は文字通り地べたを這うような生活を続けている。

当初、働くはずだった知人の会社が倒産、住むところもなく放り出された。その後、知り合いのつてを辿って、日本人の経営する旅行代理店に職を得る。しかし、薄給で家賃と食費を支払うと稼いだ金は消えた。ある日、団は一念発起しアパートを解約した。自動車に寝泊まりしながら三つの仕事を掛け持ちして、一万ドルを貯めることに決めたのだ。そして約一年後、その一万ドルを元手に自らの旅行代理店を始めた。

この時期、団はミルウォーキー・ブルワーズのアソシエイト・スカウトになっている。「associate」は「結合する、連結する」を意味する。アソシエイト・スカウトとは、出来高払いのスカウトのことだ。アメリカは広く、球団のスカウトだけではこぼれ落ちる選手が出て来る。それを補うのがアソシエイト・スカウトだった。

団はアソシエイト・スカウトとして実績を挙げて、フルタイムのスカウトに昇格、球団内部に入るつもりだった。そのためには、いい選手を発掘して、手腕を見せつけなければならない。とはいえ、アメリカでの人脈も、選手を見て歩く時間もなかった。

そこで考えたのは、日本人選手をアメリカに連れてくることだった。八四年シーズン終了後、江夏が西武ライオンズを退団、引退扱いになっていた。団は旧知の江夏を口説いてブルワーズの春季キャンプに参加させることにした。しかし、江夏はメジャー契約を結ぶことは出来ず、日本に帰国した。

野球界に滑り込めなかった団はビジネスに注力した。日本の好景気が彼を後押しした。日本の企業の依頼で不動産業にも手を広げた。不動産業で一財産を作った後、カリフォルニアリーグの『サリナス・スパーズ』という球団を買収している。

カリフォルニアリーグはメジャーリーグを頂点とした階層では一Aに相当する。団は日本のプロ野球球団に声を掛け、若い選手を受け入れた。

これは団の苦い経験が元になっている。

日本のプロ野球の二軍は試合数が少ない上に、一軍の選手が調整のため降りてくることも多い。そこではじき飛ばされるのは、かつての団のようなドラフト外、あるいは下位で指名された選手だ。若く完成していない選手こそ実戦経験を積むことが必要だと団は確信していたのだ。

サリナス・スパーズは、日本の野球からこぼれ落ちた選手の受け皿にもなった。その中の一人が、早稲田大学を中退し行く場所を失っていた大越基である。大越はスパーズでプレーした後、九二年に福岡ダイエーホークスからドラフト一位指名された。

ただし、球団の経営状態は芳しくなかった。売却を考えていた頃、兵庫県の高校を中退した一六歳の少年が入って来た。

マック鈴木こと鈴木誠である。球団を売却した後、団はマックの代理人となった。マックは契約金約一〇〇万ドルでシアトル・マリナーズと契約を結んでいる。

マックと同時期にメジャー入りした選手にAロッドこと、アレックス・ロドリゲスがいる。彼の契約金は一三〇万ドルだった。マックはAロッドとほぼ同等の評価ということになる。

その後、野茂英雄、伊良部秀輝のメジャー移籍を次々と手掛けている。ダルビッシュ有の北海道日本ハムファイターズからテキサス・レンジャーズへの移籍の際、アーン・テレムと共に代理人を務めたことも記憶に新しい。

日本人をアメリカに連れて行くだけでなく、多くの外国人選手を日本のプロ野球球団にも紹介している。そんな団は選手の才能をどう見極めているのか。

「昔、野村監督がぼくに言ったのは、肩・足・球の速さ、バットスピードの速さは持って生まれた才能だと。ぼくらは試合の結果はどうでもいいんです。球が速い、肩が強い、足が速い、打球が遠くまで飛ぶか。その試合でたまたま調子がいいとか、悪いとかっていうのもある。長い目で見なければならない。バッターなんて三割打てば成功、七割は失敗しているんですから。当たり前のことですが、甲子園で活躍したからといってプロで通用するわけではない」

団はこんな話を始めた。

「少し前、アメリカで上背がそれほどなく華奢、球も速くない投手がいました。あるスカウトがその投手を獲ろうとした。するとみんなから反対された。ちっちゃいし、球も遅いと。彼はこう反論したそうです。しかし、彼は頭とここがいいと」

団は胸をどんと叩いた。

「それで獲ったら三〇〇勝した。グレッグ・マダックスです」

マダックスはサイ・ヤング賞を四度、最多勝利を三度、最優秀防御率を四度獲得したメジャーリーグ史上最高の投手である。

「どんなに素晴らしい才能があっても、戦う気持ちがない選手は成功しない。才能と気持ちが揃っている選手を見つけるのは本当に難しい」

選手として二軍で泥にまみれ、代理人として世界最高峰の舞台で躍動する選手たちをつぶさに見てきた団らしい言葉である。

団 野村（だん・のむら）

1957年5月17日東京都生まれ。セントメリーズ・インターナショナルスクール、カリフォルニア・ポリティニック・ボナモ大学を経て、1977年ドラフト外でヤクルトスワローズに入団。81年まで内野手としてプレーした。引退後は米独立リーグ球団サリナス・スパーズのオーナーになったことがきっかけで、マック鈴木の代理人を務める。これがエージェントとしてキャリアのスタートとなった。その後、野茂英雄をはじめ、有力日本人選手の代理人としてMLB入団を続々と実現させた。近年は日本国内でプレーする選手のマネジメントも行っている。

CASE 6

松沼博久・雅之

78年ドラフト外
西武ライオンズ

一

若くして卓越した才能を見せ、未来を感じさせる人間にはえもいわれぬ魅力がある。喩えるならば、蕾から花びらが開くその瞬間に出くわすようなものだ。そのため、甲子園で躍動する球児、あるいはドラフト一位の選手たちに人は惹きつけられる。

しかし、その蕾が大輪の花を咲かせるとは限らない。松沼博久は、高校卒業の一八歳、あるいは大学卒業の二二歳――どちらの段階でも自分はプロ野球から目を付けられる選手とはほど遠かったと振り返る。

松沼は一九五二年九月二九日、墨田区向島で生まれた。

「東武線が浅草から走っていて、業平橋っていう駅から歩いて五分ぐらいのところ。線路の下、ガード下に家があったんです」

現在、業平橋駅は「とうきょうスカイツリー駅」と名前を替えている。父親は砂利採取の会社を経営していた。

「砂利屋さんです。日本が高度成長期で道路を作ったりするのに砂利が必要だったんでしょうね。元々はおじいちゃんが砂利の仕事をしていて渡良瀬川の川砂とか採っていたんですよ」

最も多いときには砂利を運搬するダンプカーを七台所有していたこともあった。自宅兼事務所には荒っぽい男たちが出入りしており、「親父が若いのをひっぱたいたりしていた」のを見た記憶があるという。

きょうだいは四人。上に姉が二人、下に弟が一人いる。松沼が小学二年生のとき、一家は千葉県流山に移った。

「墨田区のときは小学校が近かったんですよ。流山に行くと、歩いて三〇分も掛かる。だから、嫌で嫌で……本当に行きたくなくて。毎日、泣きながら姉たちに手を引っ張られて行ってましたよ」

運動には自信があった。

「駆けっこは全部一等賞でしたね。小学校のときから（学校の代表として）選ばれて、小さな大会に出て、高跳びとか幅跳びをやっていました。小学校の先生から中学校の陸上部の顧問に連絡が入っていて、入学すると有無を言わせずに陸上部から呼び出しが掛かったんです」

松沼の入学した柏中学校は一学年一五クラスという大規模校だった。周辺で住宅開発が進み、急激に生徒が増えていたのだ。

「ぼくは一年一五組だったかな。講堂を区切ったような（仮設の）教室だったことを覚えています。それだけ人数がいると、陸上部のレベルも高いんです。走るにしても幅跳びにしても、凄いのが沢山いる。そんな連中とやっても何も面白くない。目立つこともない。何日かで行かなくなっちゃったんです」

そんなとき、陸上部の隣で練習していた野球部の存在に気がついた。

「元々、野球は好きだったんですよ。墨田区にいた頃からグローブは持っていました。近所のお兄ちゃんたちに交じって野球をしたり、一人で壁当てをしていたり」

野球部は一学年一五人ほどで、それほど多くなかった。陸上競技の個人種目よりも、九人で行う野球のほうが出番が早く回ってくるだろうという計算もあった。

野球部に入った松沼少年は、すぐに並外れた才能を見せる――というのがよくある物語だ。しかし、実際にはそうではなかった。

「もう球拾いですよ。膝に手を当てて、声を出しているだけ、みたいな。ユニフォームも着ていないし、スパイクも持っていない。それどころかクビになりかけたんです」

夏期休暇前、松沼は風邪を引き、咳が止まらなかった。夏じゅう自宅で寝込んでいたため、練習に参加したのは一日だけだった。

「夏休みが終わる頃、野球部の集合が掛かって、教室に集められたんです。夏休みに一度も練習に来なかった奴がいたんです。そいつはもう来なくていいからって帰らされた。ぼくは一日だけ。絶対にクビじゃないですか。監督から〝お前はやる気があるのか〟って言われて、〝やる気はあります〟って残ったんです」

二学期になって松沼はスパイクを買い、野球部員としての体裁をようやく整えた。

二

松沼によると試合に出始めたのは中学二年生の夏前だったという。

「内野手で少しだけ。二試合ぐらいだったかな。補欠ですよ、補欠」

そして三年生が抜け、新チームとなり遊撃手のレギュラーとなった。

「ショートで一番（打者）でした。足は速かったんですけれど躯が小さくてね。三年生になったときでも、クラスで一番前だったんですよ。恥ずかしいから一つ後の奴を、お前、前に行ってくれって押し出した。それでぼくは二番目に並んでいた」

試合に出るようになったが、目立った選手ではなかったとは松沼の言葉だ。

「下手じゃなかったですよ。でも、活躍はしてない。それどころか、中三の最後の大会はぼくの暴投で負けたんです。三塁ランナーが飛び出したので、ホームに投げるじゃないですか。ところがぼくの投げたボールをキャッチャーが捕れなかった。それで三年生の夏が終わったんです。その試合をたまたま見に来ていた親父から、〝お前のせいで負けた〟って言われましたね」

負けたのは自分のせいかもしれない。ただ、それほどの暴投ではなかった。捕手が捕ってくれなかったからだ、と心の中で悔しく思っていた。

高校でも野球を続けるつもりだった。ただ、強い誘いはなかった。

「そんな（高校から）引っ張られるような選手じゃなかったんですよ」

進路として、まず頭に浮かべたのは、習志野高校だった。中学校の野球部の五つ年上の先輩が習志野に進学していた。後に中日ドラゴンズからドラフト一位指名される谷沢健一である。

六五年夏、谷沢のいた習志野は千葉県大会で決勝まで進んだが、銚子商業に敗れている。この銚子商業は甲子園で準優勝という好成績を残した。

「当時、習志野は強かった。でも（自宅からは）遠いからやめておこうと。市川にある私立高校と取手二高のどちらかにしようって。取手二高に先輩が行っていて、来いって声を掛けてくれた。それで取手二高という名前が頭にインプットされていたんです」

取手二高は、茨城県取手市にある県立高校である。越県入学が認められていたため、隣接する千葉県から通う学生は少なくなかった。

「茨城なんですけれど、常磐線で柏、我孫子、取手という（順番で）電車で一〇分ちょっと。駅から歩いて五、六分なんで、家から三〇分ぐらいで着くんです」

取手二高の野球部は甲子園には出場したことがなく、県内で中堅校という位置づけだった。入部して不思議に思ったのが、部員数が少ないことだった。最上級生の三年生は一〇人ほどだったが、二年生は五、六人しかいない。新入部生は一四、五人ほどいるのに、なぜこんなに少ないのだろうと首を傾げた。

その理由はすぐに分かった。

「とにかく監督がうるさい。あんなうるさい監督は今まで知らない。ぼくは中学の野球部しか知らなかったので、他の学校との比較はできないですけれど、とにかくうるさい」

練習中、監督はノック用のバットを常に握っていた。そして何かあるとそのバットで選手を殴った。

「お前なんか辞めちまえっていうのが口癖なんですよ。監督がうるさいからみんな辞めたんだなと。ぼくの代でも十何人、辞めましたから。練習量自体はごく当たり前ぐらいにしか思っていませんでしたけど、口が悪かったですね」

監督の木内幸男は、退部者が続出しても頓着せず、野球は一〇人いればいいのだと言い放つこともあった。

一九三一年生まれの木内は、五六年から取手二高の監督に就任していた。八四年、桑田真澄、清原和博を擁するPL学園を破り甲子園で初優勝。その後、常総学院の監督として甲子園で二度優勝を成し遂げている。選手の自主性を生かしてチームを作る名伯楽である。

ただし、松沼が出会ったのは、彼が結果を出す前だった。

木内は『オレだ!! 木内だ!! 甲子園優勝監督のブチャまけ〝野球いいとも〟』という八五年発売の自著で、取手二高の監督就任直後、元々が女子校だったこともあり、選手集めもままならず、掻き集めた選手を厳しく鍛えた、と書いている。

〈勝ちたい、勝ちたい、とにかくそれだけだった、あの頃はね。そのために指導も、何時までやると決めたらぶっ通しでやっちゃうみたいなね。日曜祭日なんてのは本当にヤツら、朝起きてメシ噛み噛み来なくちゃ間に合わないほど朝早くて、夕方はとっぷり暮れるまでみっちりやった。毎日がそうなの。学校に泊まってた方が早いくらいで、家は寝るだけしか用がねえみたいなね。練習ばかりじゃなしにグラウンド整備、土方もやらせました。叩くこともあったしな。だから、オレを「いい監督だ」と言うようになったのは、ここ何年でもないです。それまではもう、鬼の監督だったです。ずいぶんコーチらにも、「あそこまではちょっとひどいからやめた方がいいよ」とかね、注意を受けたこともあります。ところがこっちは、てめえなんか、わかってくれなくていいいんだっつう感じでね、使命感に燃えてんです。やりすぎましたですよ、いま考えてみりゃあ〉

松沼が出会った頃の木内は、きつい茨城訛で選手を罵る熱血の男だった。この木内が松沼の人生を大きく変えるきっかけを作ることになる。

三

一年生の夏前のこと。木内は松沼を呼ぶと、ぶっきらぼうに「お前、投げろ」と言った。上級生の打撃練習のためのバッティングピッチャーを務めろというのだ。

「内野手でしたけど、まったく何も練習させてもらってませんでした。それでバッピ（バッティングピッチャー）をやらされた。ぼく、なぜかコントロールは良かったんですよ」

取手二高は打球を遮る防護用のネットを所有していなかった。そのため、強い打球がバッティングピッチャーに飛んで来る。松沼はそれが嫌だった。しかし、木内に逆らうことはできない。渋々、球を投げ込むしかなかった。

この夏、取手二高は三回戦で土浦三高に延長一三回、〇対二で敗れている。そして松沼はバッティングピッチャーから解放された。

しかし、新チームになっても、先発起用されることはなかった。

「ショートに同級生がいたんですよ。ぼくよりも絶対に下手だと思うんですけれど、木内監督からは〝お前、あっち行け〟って言われて。ぼくは球拾いに回されたんです」

なんであんな奴に負けなきゃいけないんだと思いながら、球を拾ってましたよと松沼は口を尖らせた。

「秋口だったかな、そいつがどっか別のポジションに回ったんだよね。多分コンバート。それでぼくがショートのレギュラーになったんです」

少ない部員でやりくりするため、遊撃手だった同級生が他のポジションに回されたのだ。

高校二年生の夏、茨城県大会一回戦で取手二高は境高校と対戦している。

松沼は一番遊撃手で先発出場。初回、四球を選ぶと、三番打者の二塁打で本塁を踏んだ。取手二高はこの回で四点を挙げ、試合を決めている。続く二回戦の土浦工業戦では、一対一の同点の五回、連続四球による無死一、二塁で松沼に打順が回った。ここで松沼は三塁打を打ち、走者を帰し、勝ち越し点を上げた。

三回戦の相手はシード校の水戸工業だった。五回二死二塁で、打者は一番の松沼。内野ゴロを遊撃手が掴みそこね、その間に俊足の松沼は一塁を駆け抜けた。そして二塁走者が帰り先取点。取手二高はこの一点を守り切り、勝利した。

準々決勝の下館一高戦は一対二で敗れたが、松沼自身は四打数二安打という成績だった。大会を通じて一番打者としての役割は果たしたといえる。

県大会が終了した後、松沼は木内から呼ばれた。投手をやれ、というのだ。

「ぼくらの代はピッチャーが一人しかいなかったんですよ。ぼくはショートを守っていたぐらいだから肩は弱くない。だからショートと掛け持ちでピッチャーをやれと」

県大会の前、松沼は一度だけ練習試合でマウンドに上がったことがある。そのとき一イニングを無難に抑えた。木内は三年生が抜けた後を考えて、松沼の投手としての適性を試していたのかもしれない。

投手は試合を支配する存在である。そこに抜擢されたことは嬉しかったのかと問うと、強く首を振った。

「だってピッチャー嫌いなんだもん。中学校のときからずっと思っていたんだけれど、ピッチャーの練習ってずっと走っているでしょ。ぼく、陸上部にいたけど、走るの嫌いだからね」

松沼の中では投手としての理想像があった。大きく振りかぶり、思い切り上から腕を振って速い球を投げるというものだ。

ところが――。

振りかぶって、腕を振るとストライクが入らない。自分はコントロールに自信があったのに、おかしいと首を捻った。バッティングピッチャーをしていたときは、内野手のように小さな腕の振りで投げていたことに気がついた。

「上から駄目だから、下からしかないと思った。それで下から投げてみたら、これが割とスムーズだったんだ。ピッチャーを始めてもう何日目かのことだったと思う。だから（投手兼用となった後は）試合では一度も上から投げていないはずですよ」

松沼に運があったのは、取手二高に社会人野球、東京ガスの投手が教えに来ていたことだった。

「コーチというか、アドバイザーというか。その人がサイドスローのピッチャーだったんです。上が駄目ならば横から投げてみなっていう風から始まったのかな。それで、だんだん（腕が）下がっていった」

そのうちに地面すれすれの場所で腕を振って投げるようになった。

「どうせ（下手から）投げるなら、地面につくぐらいのところで投げたいという思いが出てきたんですね。地面につくくらいじゃないと満足度がないというか。イメージとしては杉浦（忠）さん。杉浦さんはサイドスローだったけど、格好いいというイメージが頭に残っていたんでしょうね」

杉浦は一九五九年にはシーズン三八勝という成績を残したこともある通算一八七勝の右腕投手である。

下手投げの投手は希少である。その理由の一つは、上手投げと比較すると体勢が崩れやすく、制球が安定しないからだ。

「バランスとるのが難しいんで、いいボールが行ったり行かなかったりする。東京ガスの方にバランスの取り方を教わりました。あと、（躯が）流れない練習」

右腕から球が離れた後も軸足の左脚だけでしばらく立つという練習だった。

「真っ直ぐだけじゃ駄目だからシュートを覚えた。シュートというか、回って落ちるシンカーみたいなボール。それと大して曲がらないカーブの三種類」

シュートは習得の難しい変化球とされている。

「ぼくは意外と器用だったから覚えられた。あと、シュートって下から投げるとそれほど難しくないんですよ。すぐに曲げることはできた。後はコースに行くか行かないか」

フォームに目処がついた後、練習試合に登板することになった。

ところが――。

「ワインドアップはいいんだけれど、セット（ポジション）を練習していなかったんですよ。だからランナーが一人でも出たら、コントロールが定まらなくなる。それで満塁になった」

セットポジションとは、投球前、球をグローブの中に入れて静止する姿勢を指す。走者が出ると盗塁を警戒しセットポジションから速く、小さめの腕の振りで投げることになる。通常のワインドアップとはバランス、フォームが少々変わる。

「満塁になったので、またワインドアップにして。それで何とか抑えたんですよ」

試合後、セットポジションからの投球を練習することになった。課題は多かった。コントロールを安定させるために下半身を鍛えねばならなかった。

「嫌いだったけれど、その頃はちゃんと走っていた気がしますね」

ただし、自分の本分は遊撃手であるという意識があった。同級生の主戦投手の穴埋めが出来ればと考えていたのだ。

ところが、高校三年生夏の県大会の前、この主戦投手が怪我を負ってしまう——。

四

「バントの練習をしていたら、(グリップを握っていた手に)ボールが当たっちゃった。爪が割れて、骨折していたんですよ。そうなるとぼくしかいないじゃないですか」

消去法でエースになったんですか、と思わずぼくが口を挟むと「そう、そう、そう」と松沼は愉快そうに大きく頷いた。

「そんな感じなんだよ」

そして背番号一をつけたんですねという、ぼくの言葉に「それがさぁ」とわざと顔をしかめた。

「春の大会は(遊撃手のレギュラー番号である)六番をもらっていたんですよ。夏の大会前に、監督が(選手の)名前を呼んで、ユニフォームを配るんですよ。一番か六番、それか三番かなと思っていたんですよ。ところが一番は元々のエースの奴に渡した。三番も違う奴、六番でもなかった。ぼく、何番かなと思っているうちに、一〇番が渡されたんです。失礼だよね。たぶん下級生にレギュラー番号を渡したいと思ったんじゃないですかね。それで一〇番が気に入らなくて、ふざけんなとは言わなかったけど、黙って置いて帰ったんですよ。だって、一〇番（のユニフォーム）なんていらないもんね」

三年生の自分にとって、夏の県大会は高校生として最後の大切な大会である。部員は三学年合わせて一五人ほどしかいない。最低でもレギュラー番号を貰う権利はあると憤っていたのだ。

「もういいやと思って家に帰ったんですよ。そうしたら後輩から電話が掛かってきたんです。〝お願いだから取りに来てくれませんか、松沼さんがいないと試合できないんです〟って。それで一晩考えて、後輩から頼まれたから嫌々（ユニフォームを）取りに行ったんですよ」

松沼がユニフォームを受け取らなかったことに慌てたのだろう、木内は「大学じゃ一〇番はキャプテン番号だ」ととりなすように言った。

「ぼく、高校生だよ、大学の話をされても、って思っていた。後輩から頼まれたので一〇番付けて試合に出ることにしたんですよ」

一九七〇年七月一〇日、第五二回全国高校野球選手権茨城県大会が開幕。水戸市民球場で行われた開会式では、松沼が参加選手を代表して選手宣誓を行っている。

「部長が抽選から帰ってきて、松沼君、選手宣誓になったからって……嘘でしょって。ぼく、キャプテンだったから。でも、そのキャプテンになった経緯だって、とんでもないんだよ」

高校二年生の秋に遡る——。

三年生が去り、最上級生になったある日のことだった。柏市で練習試合があった。

「向こうはでっかいピッチャーが出てきたんですよ。上から投げ下ろすので、ストライクだと思って振ったら、ワンバンするようなボールなんですよ。（木内監督が）〝お前、低め打つんじゃねぇぞ〟って言って。うるせぇなと思いながら、今度は高めだと思って振ったら、また低めなんだよ。結局、三振してベンチに戻ったら、〝低め打つなって言ってんだろう〟ってノックバットでコーン（と殴られた）。痛ぇと思ったら、血がだらだら出てきて」

触ってみると、頭のてっぺんから血が出ていた。

「くそって思いながら、ショートの守備についたの。もう声も出さずに、いい加減にやって。そうしたら試合が終わった後に、お前をキャプテンにするって。それまでキャプテンが決まっていなかったんだよ。たぶん、木内さんが悪いなと思って、キャプテンにしたんだと思うんだ」

一回戦の相手は、前年の夏に県ベスト四に入った土浦三高だった。松沼は投手、五番打者として先発出場している。一回から取手二高は盗塁、送りバントを絡めてしぶとく得点を重ねて七対三で勝利。続く二回戦は土浦工業に二対〇。松沼は九回を投げきり四安打、無失点で抑えている。

ただし、相手を圧倒したという内容ではなかった。二回から五回までは毎回先頭打者を出している。特に五回には一死満塁にまで追い込まれた。このとき松沼は三塁ランナーを牽制で刺して窮地を脱している。投手としての経験は浅いが、試合の流れを読む眼を持っていたことの現れだったろう。

三回戦の相手は、好投手、梶間健一を擁する鉾田第一高校だった。梶間は高校卒業後、日本鋼管に入社。七六年のドラフト会議でヤクルトスワローズから二位指名を受けている。

試合は一回から点の取り合いになった。九回を終了して四対四。延長戦に入った。延長一〇回裏、松沼は二死から二塁打を打たれた。続く四番の梶間にはこの日、二本の三塁打を打たれていたため、敬遠。続く五番打者にも四球。二死満塁となった。

〈鉾田一の六番駒場への一球目、延長十回二死満塁、窮地に立った取手二松沼投手が打者駒場に思わぬ死球、押出しの一点を与えた。ぼう然自失する松沼—小島のバッテリー。鉾田にとっては薄氷を踏む思いの勝利だった〉（『朝日新聞茨城版』一九七〇年七月二三日付）

押し出しでのサヨナラ負けだった。

「木内さんは怒って、もう口も利いてくれない。お前のせいで負けた、ぐらいに思っていたんでしょう」

五

大会終了後、高校卒業後の進路を考える時期になった。

「就職するか、大学に行くか、じゃないですか。ぼく、とにかく、働きたくなかったんですよ。大学に行けば、四年間は働かなくて野球が出来るじゃないですか。それで大学に行く方向で（野球部員向けの）セレクションに行ったりしていたんです。慶應のセレクションにも冷やかしで行きました」

慶應大学のセレクションには内野手として参加している。

「だって、デッドボールの押し出しで負けているんですよ。惨めな思いしているから（投手を）やりたくなかったんです。ショートで紅白戦に出て、ヒット一本打ちました。でもその後に勉強会みたいなのがあったんです。勉強していなかったので、全然出来ない。いちおう試験は受けたんです。マルバツ式だったので、まぐれで受かるかなと思ったんですけれど、やっぱり駄目でした」

その後、東都大学野球リーグ所属の東洋大学のセレクションも受けた。

「東洋も内野手で行ったの。それでバッティング練習するじゃないですか。球が速くて当たらないんですよ。当たっても前に飛んでくれない。これは駄目だなぁ、やっぱりピッチャーかなと、そのとき思った」

結局、一般入試で東洋大学に入ることになった。

東洋大学野球部は一九二二年創部、東都大学野球リーグには一九四〇年から加盟している。六〇年代後半から一部に定着。しかし、松沼が入学したときは一部リーグの底で燻っていた。一年時の春季、秋季リーグ戦は共に六チーム中六位の最下位。入れ替え戦で二部の優勝チームに勝利し、かろうじて一部に踏みとどまっていた。

「一年のときは、試合に出るなんかとんでもない状態でした。球拾いと掃除、食事の準備と洗濯、そういう雑用しかしていないです」

野球部は一学年約一五名程度。東武東上線の鶴ヶ島駅にある寮での生活だった。松沼にとっては初めての寮生活である。

「部屋の畳は（歪んで）うねっているし、カーテンは毛布みたいなのが貼ってある。昔の兵舎を思い浮かべてもらえればいいですよ」

東洋大学には全国の野球強豪校から選手が集まっていた。ブルペンで他の投手が投げているのを見たが、自分が負けているとは思わなかったという。

「大していい選手はいなかった。広島商業から来たピッチャーとかもいましたけど、こんなもんかと。（彼らに）勝つ負けるよりも（試合には）出られないのは分かっていたんですけど」

投手として大成する一つの資質は、己の才能を信じることである。それを松沼は持ち合わせていたといえる。

「一年生のときはずっとバッティングピッチャーをやらされたんです。上級生相手にストライクが入らなくて、監督から〝お前は外野を走っておけ〟と言われて、泣きながら走っていた。一年のときは野球に集中できなかった。（寮に帰ると）説教があるとかさ。夜中に（先輩から呼び出されて）一時間正座とか。そんなんが嫌で嫌で。我慢はしていたんだけれど」

二年生になり、高橋昭雄が監督になった。二三歳の若い監督だった。

「なんでか分からないんだけれど、（監督が）お前、補欠で入っているけど特待生扱いにしてあげるって。訳分からないこと言い出したんだよ。試合に出ていないのに、どこかで印象に残っていたんだろうね」

二年生の春季リーグ戦、二試合目の中央大学戦で松沼は先発、一対二で敗戦投手となっている。続く亜細亜大学戦でも先発、六対二で初勝利を挙げた。

しかし――。

「先輩のキャッチャーがうるさくて、投げるのが嫌になっちゃって。それで秋のリーグ戦はほとんど投げていない。大学野球って、（上下関係が厳しくて）嫌になっちゃうんですよ。あんな凄い落合だって、辞めちゃうぐらいだからさ」

あんな凄い落合とは、松沼の一年後に東洋大へ入学してきた落合博満のことだ。落合は半年で退部、大学も中退している。

「ぼくも二年生のときに逃げ出しているの。その日に説教があるって聞いて、同級生三人と〝よし逃げるぞ〟って話になった。ぼく、凄く怖かったんだよね。何されるか分からないじゃないですか。午前中の練習が終わった後、昼にこそこそ三人で逃げちゃったんですよ。それで栃木にある同級生の家に行った。そこで一泊して実家に戻ったら、親父にひっぱたかれて（寮に）帰ったんですよ。普通は戻れないですよね。説教がある日に逃げ出しているんだから、帰ったら大変なことになりそうじゃないですか。同級生がやられてんだからさ。でも冷たい目で見られながら、何もなかったの」

少々、松沼は記憶違いをしている。二年生の秋季リーグ戦でも松沼は六試合に登板した記録が残っている。東洋大学は春、秋季リーグともに五位。かろうじて入れ替え戦から逃れた、という成績だった。そのため印象が薄いのかもしれない。

「エース級が抜けて三年生になると、上級生だから〝天皇〟（扱い）じゃないですか。友だちと夜に出かけられるようになる。生活が楽になって、野球も楽しめるようになった。監督はうるさいんだけど、（自分は）あんまり怒られていないんですよ。それで春から天下を取ったように投げた」

三年生の春季リーグ、東洋大学は開幕から駒澤大学と中央大学に四連敗。続く日本大学戦から松沼が力を発揮しはじめる。日本大学で二試合連続完投勝利。同じ三年生の左腕、市村則紀《のりお》と松沼の二本柱により、リーグが終わってみると二位という好成績だった。市村は電電関東を経て、八二年のドラフト会議で中日ドラゴンズから三位指名を受けてプロ入りしている。

秋季リーグ戦でも松沼は五勝を挙げ、チームは二位。また打撃成績でも三割三分三厘と三位に食い込んだ。

「一、二年生のときは全然目立っていなかったんですよ。三年生になって目立つというのは不思議なんだけど」

四年生の春季リーグでは、最終戦まで駒澤大学と同じ勝ち点で首位。最終戦で両校が対戦、東洋大学は連敗し優勝を逃した。駒澤大学の四番に座っていたのは一学年下の中畑清である。彼は七五年のドラフトで読売ジャイアンツから三位指名されることになる。

「四年生の春先には就職の話があった。ただ、あんまり真剣に考えていなくて、ただ野球をやっていた。暇なときに遊びにいったりしている、気楽な野球人だったね」

プロ野球選手になることは夢だった。しかし、現実には難しいと思い込んでいたという。

「東都リーグから一つ上で（駒澤大学の）栗橋（茂）さん、（中央大学の）藤波（行雄）さんとか何人かプロに入っていましたけど、みんな野手。ピッチャーになると、ちょっと上の亜細亜大の山本（和行）ぐらいしかいない。プロに行きたいなと希望はあったけど、まさか俺が（行けるはずがない）というほうが強かった」

山本は七一年のドラフト会議で阪神タイガースから、栗橋と藤波は七三年のドラフト会議で、それぞれ近鉄バファローズと中日ドラゴンズから一位指名を受けている。

「関西の社会人（チーム）を見に行ったり、名古屋の西濃運輸からも熱心に誘われていた。最終的には高校時代から東京ガスの方に（下手投げを）教わっているじゃないですか。その方が誘ってくれたので東京ガスに入ることにしました」

大学生として最後の大会、秋季リーグで東洋大学は二位。最後まで優勝に届かなかった。

六

七五年四月、松沼は東洋大学を卒業し、東京ガスに入社した。東京ガス硬式野球部は一九二七年創部の歴史ある野球部だった。社会人野球の最高の舞台は一九二七年に始まった全国大会、都市対抗野球である。東京ガスは五五年に都市対抗野球に初出場。松沼が入社する前年の七四年に二度目の出場を果たしていた。

「東京ガスは、そんなに強くなかったので、行けば出られるかなと思っていたんです。ところがエースがいて、彼が幅を利かせていた。だからその人の後ろにくっついている、みたいな感じ。一年目から予選では少し投げたんだよね。それで（東京都の）第一代表になっているんですよ」

東京ガスの主戦投手は慶應大学出身の工藤真だった。さらに都市対抗野球には〈補強制度〉があった。これは予選敗退した他チームから選手を補強出来るというものだった。この制度で熊谷組の投手が加わっており、松沼は三番手扱いだった。

一回戦の福山市の日本鋼管福山は工藤が九回を投げ抜き、二対一で勝利。続く札幌市の電電北海道と対戦し、七対一で勝利している。この試合でも松沼の登板はなかった。準々決勝、京都市の大丸戦の九回表、松沼はマウンドに行くように指示された。四対六で敗戦濃厚だった。

「それまで試合に出られなかったのに、負け試合になって、行けって言われた。嫌だって断ったんですよ」

松沼はわざと不満そうな顔を作った。

「経験になる？　そんなことは考えないですよ。なんでこんな負けている試合に行かなきゃいけないんだって思って。嫌だ、嫌だと言っていたんだけれど、キャプテンが来て〝お前、行け〟って言ってさ、行かされたんだよね。嫌々投げたから、いい思い出はない。思い出というか、何の記憶もない」

松沼は一イニングを零点で抑えたが、東京ガスはその裏に得点を挙げることが出来ず、敗れた。

「二年目も同じ。工藤さんは都市対抗では燃える、という人で、それ以外（の試合）ではあまり投げなかった。その人の控えで目立っていなかった。それで三年目か四年目か忘れたけど、チームにキャッチャーが二人いたんですよ」

ある試合で、松沼は自分の好きではない捕手と組まされることになった。「嫌だ」と監督に主張したが、認められなかった。

「リードもそうだけれど、普段の接し方も堅物。もう一人の人は柔軟性がある。全然違うんですよ、性格が。その堅物の人が嫌でね、初回から（捕手の出すサインに対して）全部、首を振ってやったんですよ。そのときは球種が、真っ直ぐとカーブとシンカーしかなかった。一回、二回と首を振る。三回も振ると、困った顔になりますよね」

そして三度、首を振った後のサインにようやく頷き、球を投げたという。どんな球種、コースでも良かった。この捕手に嫌がらせをしてやれと思ったのだ。

「それをみたエースが〝お前、しっかり投げんかい〟って言ったんですよ。こっちは投げたくないんですよ。そんなこと言われたらカチンと来るじゃないですか。もう腹が立ってさ、グローブ叩きつけてやったんです」

怒りの収まらない松沼はベンチを出て観客席に座った。

「そこにキャプテンが来て、〝お前、行くぞ〟って引っ張られて。その試合は結局負けたんですけれど、そっからキャプテンと一言も口を利かなくなっちゃったの。監督からは〝お前が悪い〟って言われて謝ったんですよ。すいませんって頭を下げたんだけれど、エースはそっぽを向いているの。あ、これは駄目だなと思って。それでこの人に負けちゃいけないんだっていう思いがわき上がってきた。そこからぼくの野球人生は変わるんですよ。嫌いなウエイトトレーニングとかランニングとか真剣にやり始めました」

ちょっとしたフォームの修正も行っている。

「ぼくはそれまで左脚を（投球の際）ちょっと開いていたんですよ。（左脚を）クロス（気味に）入れたほうが速いボールを投げられるって、臨時コーチの方が言ってくれたんです。やってみたら、〝あー、それがいい、それがいい〟って。確かに速くなったんです」

そこから投げるごとに、自分の投球が固まっていく手応えがあった。

「こんな感じ、こんな感じっていうボールを投げられるようになると、試合で二桁の三振が獲れるようになった。三振を獲るのが楽しくなった。真っ直ぐを基本に、カーブとシンカーを投げるとバッターが空振りしてくれる。快感でしたね」

松沼の能力が発揮されたのは、社会人四年目の都市対抗野球一回戦、松山市代表の丸善石油戦だった。

〈松山市の打者にとって、これほど腹立たしい投手はいなかったろう。なにしろバットがちっとも球にかすらないのである。下手から投げ込んでくる松沼の球は、打者の手元にくると、浮き上がり、あるいは急角度で落ちた。

一回の立ち上がりこそ、球筋が定まらず、先頭打者に死球を与えたが、一死後、山下、永田の主軸打者を三振に打ちとってから三回までは連続7三振。一球投げるごとに、松沼の帽子は右にずれた。松山市の各バッターはキツネにつまれたように首をかしげながら、バッターボックスからすごすごとベンチへ引き返していった。

もちろん連続7三振は大会史上初の快記録だ。三回二死後、打席に入った福永は、なんとか松沼のこの〝魔術〟を断ち切ろうとバントを試み、やっと連続三振を「7」で食い止めた。その後も、松沼の奪三振は毎回つづき、結局、一試合の合計奪三振でも大会初の「17」を記録した〉(『毎日新聞』一九七八年八月三日付)

これまでの最多奪三振記録は一九六七年大会で日本石油の平松政次が記録した一六だった。また、連続奪三振は同じく平松ら四人の投手が「五」を記録していた。毎回奪三振も過去三人しか達成していない。記録ずくめの投球だった。

しかし、松沼は冷静だった。

「なんとなくバッターが振り遅れているような。そういうボールが投げられていたので、追い込んだら三振を獲るというイメージでしたね。だいたい一試合に一〇個ぐらいは三振獲っていたので、ぼくの中ではそんなに多く三振を獲ったという感じではなかった」

そして、「相手が（それほど強くない）丸善石油だったからかな」と笑った。

「だって、活躍したのはその試合だけだったんですよ。次の（川崎市代表の）東芝戦でも投げさせてもらったんだけれど、暑くてあまりいいピッチングが出来なかった。それで五回ぐらいで監督に無理ですって、交代させてもらった」

東京ガスは一回に二点を先取したが、五回に追いつかれた。松沼は同点でマウンドを降りている。その後、七回に一点を失い、二対三で敗れた。

松沼の評価を確固たるものにしたのは、一〇月から一一月にかけて行われた社会人野球日本選手権だった。

「日本選手権の予選は（工藤と）交互に投げていたんですよ。それで選手権の出場が決まったとき、監督が〝最初（の試合）だけお前に投げさせてあげる〟って言ったんですよ」

一回戦の三菱重工広島戦で、松沼は七回を二安打九三振。七回、一〇対〇でコールド勝ちした。

「それで次は工藤が行くからって。そのときに〝監督、すいません、もう一試合だけ投げさせてください、お願いします〟って頼んだんです。そうしたら、いいと」

二回戦の西濃運輸戦は延長戦までもつれた。一一回に東京ガスが決勝点を挙げて三対二で勝利。松沼は一一回を投げきっている。

「一一回を投げきったとき、ぼくって結構タフかもしれないって思ったんだよね。それで〝次もお願いします〟って言ったら、〝もう、いいよ。お前で行ってやる〟と。そうしたら完封勝利」

準々決勝で神戸製鋼を一対〇。準決勝の大昭和製紙北海道戦を一対〇と二試合連続完封。そして決勝の北海道拓殖銀行戦でも松沼はスコアボードに〇の数字を並べていく。

『毎日新聞』は松沼の投球をこう描写している。

〈初め右翼打ちを試みたり、途中バントを仕掛けてみたり、拓銀はなんとか松沼攻略を果たそうとした。しかし、松沼は五連投の疲れを少しも見せず〝生きた球〟を投げ続けた。(中略)松沼は東京ガスというチームを背負って、ただ一人で立ち向かっているように見えた。

松沼はカーブを狙われているとみると、速球とシュート主体の投球に切り替える。七回二死から初めて連打を浴びて一、三塁と迫られても、内角を攻め抜いたあと、外角へ浮き上がる速球を決めて坂田を三振に抑え込んだ。全く揺らぐことを知らない松沼の投球だった〉(一九七八年一一月六日付)

そんな松沼に一瞬の隙が出来たのが九回だった。四球で出した先頭打者をバントで送られ、ヒットエンドラン気味の安打と走塁で無死一、三塁となり、その後犠牲フライで一点を失う。これが決勝点となり〇対一で敗れた。

大会終了後の一一月一七日、弟の雅之が東洋大学から東京ガスに入社することが発表された。この日、野球部の練習に顔を出した雅之は部員の前で挨拶をしている。

「ぼくは監督だった江口（昇）さんが好きで、信頼していたんです。だから弟を入れて、兄弟で都市対抗優勝を目指すつもりでした」

しかし、その通りにはならなかった。

七

人は自分のことを一番よく知っていると信じ込んでいるが、実際には自らの姿を等身大に捉えている人はほとんどいない。

自分はそれほど才能のある投手ではなかったと松沼博久は言う。しかし、もっとも親しい人間、弟の雅之によるとまた違った像が浮かび上がってくる。

「兄貴は何をやらせても凄かった。天才だったんですよ。親父に言わせると、ぼくはドン（臭い）

だって。何をやっても駄目だって言われ続けてきたんですよ」

雅之は一九五六年七月に墨田区で生まれた。兄とは四歳違いになる。

「四つ違うから、小学校だったら（博久が）六年生と二年生。兄貴の凄さの記憶はないです。ただ、親父から兄貴は凄かったって教えられました。ぼくも足は速いほうでしたけど、クラスで二番とか三番。兄貴は常に一番。走るだけじゃなくて、飛んでも跳ねても一番だったんです」

野球を始めたのは流山市立東部中学校に入ってからのことだった。

「あの辺りって（少年野球チームが）全然ないんです。小学生のときは草野球というか、壁当てしかやっていないんですよ。家のブロック塀に向かって投げていただけ。原っぱの野球も（バットを使用しない）手打ちしかやっていなかった」

流山市立東部中学は一九六七年四月に開校したばかりの新設校だった。雅之は三期生にあたる。

「兄貴のときはぼくの行った中学はまだ出来ていなかった。クラスも三つだけ。クラブは野球部の他はほとんど何もなかった。だから四〇人ぐらいが入部したんですよ。とりあえず入っただけだったので、みんな辞めてしまい、残ったのは四、五人だったんですけれど」

入学直後、雅之はポジションさえ与えられなかった。

「（正式な形で）野球やったことがなかったので、最初はボール拾い。林の中まで探しに行っていました。三年生が引退した後、やっと内野とか外野を守らせてもらうようになったんです。確か、中一の新チームでは外野をやったはずです。でも、やったことがないからフライが捕れなくて。肩は壁当てをしていたから強かったんですよ。それで三塁手にコンバートされた。でも試合に出たかどうか。たぶん出たとは思うんですが、記憶にないんですよ」

中学二年生の夏、三塁手から投手になった。

「上級生が抜けて他にいないから、ピッチャーになったんです。すごく弱い、みんな遊びでやっているようなチームだったんですよ。監督はバドミントン出身だったので、野球のことは一つも教えてもらっていません」

雅之は、どうやって野球を勉強したんでしょうか、と他人事のように笑った。

「やっぱり、漫画ですかね。『巨人の星』とか」

巨人の星は六六年から『週刊少年マガジン』に連載されていた、梶原一騎原作、川崎のぼる作画の劇画である。荒唐無稽な劇画が野球の参考になるはずもない。

「(流山)市内に四チームあって、そこで一位になると郡大会に進む。ぼくが三年生のときに初めて郡大会に行ったんです。郡大会では一回戦負けとか、そんな成績でその上の県大会には行っていないです」

雅之がずっと見ていたのは、先を歩く兄の背中だった。

雅之が中学一年生の夏のことだった。

「茨城新聞だったと思いますが、松沼が適時打を打って勝ったという小さな記事が出たんです。そのときは、全くの素人だったので適時打という言葉の読み方も分からなかった。でも、野球やっていたら新聞に載るんだと思った記憶が鮮明にあるんですよ」

博久が高校二年生の夏、茨城県大会二回戦の土浦工業戦で決勝点を挙げた試合の報道だと思われる。

雅之は兄の影響で取手二高への進学を考えるようになった。

「中三の夏休みに取手二高の練習に参加しているんですよ。兄貴がいたから、(監督の木内から)誘われたんだと思います。ただ、そのときは成長痛かなんか分からないんですけれど、肘が痛くて途中で帰ったんです」

中学三年生の夏の大会が終わった後、雅之は陸上部に「三種競技」と「リレー競技」の選手として駆り出されることになった。三種競技は、中学生を対象とした混成競技で砲丸投げ、走り高跳び、一〇〇メートル走が含まれていた。

「流山の(陸上競技の)大会が一〇月にあったんですよ。その辺りまで全然休む間もなかった。肘も痛いし、(高校では)陸上をやろうかとも思ったんですよ。でも、木内さんもせっかく来てくれたんだから、野球やりなさいってことで」

そして中学校の卒業式が終わった後、取手二高の練習に加わっている。取手二高は前年度、夏の県大会で一回戦負けという成績だった。博久たちが抜け一気に弱体化していたのだ。

「前年度に一回戦負けしているから、ぼくらの代は四人しか新入部員がいなかった。新入部員を合わせても全部で二〇人ぐらい。ピッチャーは一つ上の代に一人いるだけ。その人が肩を痛めていたこともあって、ぼく、入学前から練習試合で投げてました」

本当だったら、違反ですよねと雅之はくすりとした。

軟式球から硬式球への切り替えは問題がなかったという。

「砲丸投げでもっと重い球を投げていましたから。砲丸投げの練習をして肩が強くなったのかなと思っているんですよ。軟式野球あがりのピッチャーはボールが軽いのに慣れている。その腕振りで硬式（球）を投げると、球が速くなるらしいです。ぼくはよく覚えていないのですが、木内さんによると春休みだけで三勝はしたらしいです」

雅之は一年生から主戦投手となった。

八

一九七二年七月、全国高校野球茨城県大会が始まった。取手二高はまず日立工業と対戦した。先発した雅之は九回を二安打〇点で抑え、一対〇で勝利。続く鉾田一高戦でも五対〇と完封している。四回戦の日立商業も八対五で下し、準々決勝に進んだ。

しかし、準々決勝の東洋大学付属牛久戦では〇対七、七回コールド負けを喫している。

雅之はこう振り返る。

「明らかに力の差がありました。一度、打たれ始めたら一年生の力じゃ抑えられないんですよ」

高校二年生の夏は準々決勝まで進んだが、取手一高に一対一〇で敗れている。

この頃には将来、プロ野球選手になりたいと考え始めていましたかと訊ねると、強く首を振った。

「全然、思わなかったですね」

甲子園に出場している同年代の選手のことを意識したこともなかったという。

「取手二高ってそんな高校じゃないんですよ。（生徒の興味が）野球じゃない。遊びのほうが上。野球で集まっている高校じゃない。木内さんは弱いチームを強くするのが大好きな人で、厳しく教えてくれました。だから、ある程度は強くなった。でも、木内さんも部員の顔を見て、甲子園に行けるメンバーじゃないって分かっていたと思うんです」

兄が受けた木内の鉄拳制裁は健在だった。

「先輩、後輩の上下関係もありましたが、上級生に殴られるよりも木内さんに殴られるほうが多かったですよ。一年生からエースだったので叱られることが多かった。後に先輩から〝松沼はよく殴られていた〟って言われましたね」

ある練習試合のときだった。一試合目で打ち込まれた雅之は降板。二試合目が始まるまでグラウンドの片隅で正座をさせられた。

「それでダブルヘッダーの二試合目に投げさせられる。それが普通でしたね」

練習環境も恵まれたものではなかった。

「ぼくのときは体育館を校庭に作っていたので、練習場所が利根川の河川敷だったんです。学校から河川敷までリヤカーに荷物を積んで運んでました。学校の授業が終わるのが（午後）三時半とか四時でしょ。ナイター照明なんか当然ないので、日が暮れたら終わり。冬なんかは五時で暗くなる。そうしたら野球をやらないで利根川の土手を走って終わりだとか」

夏の県大会が終わり、新チームになると毎年のように部員が足りなくなった。

「秋季大会に出るために、一度（野球部を）辞めた選手をもう一度集めてきたり。だから秋の大会はいつもコールド負けなんです。秋の大会が終わると、木内さんは来なくなって自主練習。冬休みは全部休み。だから（秋季大会前）一回戦負けを想定して、床屋に行かず、ずっと伸ばし続けるんです。試合のときには、みんなだいぶ坊主頭から髪の毛が伸びている」

大会が終わった後、髪の毛を伸ばすことを部員たちは楽しみにしていたのだ。

「二年生の秋ですかね。一回戦ですごく打ち込まれたんです。そうしたら木内さんが怒って、〝てめぇ、馬鹿野郎、兄貴がアンダースローだから、お前もアンダースローで投げろ〟って、試合中にアンダースローで投げさせられたことがありました。当然、打たれました」

結果、コールド負けですと雅之はくすくす笑った。その後、下手投げをやれとは二度と言われることはなかった。

高校三年生の夏もチームを編成するのがやっとの状態だった。

「（開会式の）入場行進は（全部員で）一五人しかいませんでした」

茨城県大会ではベンチ入りの選手は一七人。その人数もいなかったのだ。

『朝日新聞　茨城県版』では大会開幕前日に特集記事を掲載している。〈Aブロック〉では春の選抜に出場している土浦日大が有力、もう一つの〈Bブロック〉は〈波乱の可能性は十分〉と予想。日立一高が頭ひとつ抜けており、土浦三高、竜ケ崎一高、取手二高が続いているという。記事はこう結んでいる。

〈竜ケ崎一と取手二は、スキのない野球が売り物。どちらも夏になると強くなり、せり勝ちできる強みがある。とくに、取手二の主戦松沼の成長は目ざましい〉（一九七四年七月九日付）

九

夏の県大会前、雅之は「なんか上手くなっちゃったんですよね」ととぼけた口調で言った。

「その前からある程度、球は速かったんですけど、夏の大会の前ぐらいに、急激に伸びたんですよ。きっかけはフォームを少し変えたこと。スピードガンはなかったんですけれど、一四〇（キロ）は超えていたと思います。変化球はカーブとシュート。自分で覚えましたね。シュートは中学から投げていたんですよ。高校でフォークボールも覚えましたけど、この大会では使っていない」

シード校の取手二高は二回戦から登場。二回戦の相手高校の棄権により不戦勝。続く、三回戦で山方商業を六対〇、四回戦の鉾田一高を三対一。決勝まで雅之が失点したのは、この一点だけだった。圧巻だったのは準決勝の磯原（現・磯原郷英）戦である。延長一七回を投げ抜き、一点も与えなかった。一七回裏に取手二高はようやく得点を挙げ、決勝に進んだ。取手二高にとって初めての決勝戦だった。

Aブロックを勝ち抜いてきたのは、下馬評の通り土浦日大だった。

土浦日大の主戦投手は工藤一彦だった。身長一八〇センチ超の長身から速球を投げ込み、〈関東の三羽ガラス〉と呼ばれていた右腕投手である。この年のドラフト会議で阪神タイガースから二位指名を受けて入団することになる。

両校は対照的な存在だった。

私立高校である土浦日大の野球部員は七四人。一方、公立高校の取手二高の部員は前述のように一五人。大会中に骨折者が出たため、決勝戦のときには一四人に減っていた。

また、決勝戦までのチーム打率は、土浦日大は三割九分九厘。取手二高は一割九分四厘。

「春の県大会でも（土浦日大には）勝てなかったんですね。チーム力が違う」

さらに土浦日大は準決勝で太田一高を七回コールド勝ちで圧倒していた。延長一七回を投げ抜いた雅之には酷な相手だった。

試合は一対三で終わった。

「試合が終わった後、悔しくて泣いていたのはぼくだけ。あとの選手は明日から休みだっていう風に整理体操していた気がするんだよね」

雅之は軽い調子で言った。

高校卒業後の進路はすでに決めていた。兄のいた東洋大学である。東洋大学の監督、高橋昭雄が雅之の投球を何度か見に来ていたのだ。

「ぼくは野球に関しては自分の意思がない。兄貴の後について行っているだけ。レールに乗っかって行っているだけ」

茨城県で屈指の好投手であった雅之にはプロ野球球団のスカウトも目を付けていたようだ。

「木内さんによると、ちょろちょろ（スカウトから話が）あったらしいんです。でも評価は低い。茨城県の普通の県立高校のピッチャーに過ぎない。プロに行くことを考えたことはないです」

七五年四月、雅之は東洋大学に入学。三月に博久が東洋大学を卒業していたので、入れ違いとなる。

閉口したのは厳しい寮生活だった。

「初めての寮生活。そして部員が八〇人もいることに戸惑いました。ずっと部員が十数人のところでやっていましたから」

寮は一年生から四年生まで各学年一人ずつの四人部屋。部屋には二段ベッドが二つ。四人以上の部屋では一年生は廊下に転がって眠らされた。

一年生は起床時間前に目を覚まし、全員を起こさなければならない。

「下級生はゴミだとかホコリ、平民と呼ばれてましたね」

雅之に運があったのは、東洋大学が世代交代の谷間に入っていたことだった。

「それまでは兄貴と市村（則紀）さんの二人がほとんど全試合投げていたんです。ちょうどその二人が抜けたばかりだった。そこでぼくは一年生でメンバー入りしたんです」

同級生には甲子園に出場したこともある強豪校出身の選手がいた。ある夜、雅之が目を覚ますと、広間でその選手一人で腹筋運動をしていた。名門校出身者は野球に対する向き合い方が違うのだとつくづく感じた。

「夜中に一人で練習なんてしたこともない。なんだ、これはって思いました」

春季リーグ戦の初戦、東洋大学は亜細亜大学に二対八で敗戦。五人の投手が滅多打ちに遭った。

「次の日、誰も投げるピッチャーがいなくて、ぼくが指名されたんです。それで完封しちゃったという」

ここから雅之は一年生ながら主戦投手を任されるようになった。

「監督はこいつって決めたら、それで行くという人だった」

しかし、扱いは厳しいものだった。

「グラウンドでは我が儘にやれても、日常生活は厳しかったです。一年生のとき、(寮のある埼玉県の)川越から神宮球場に行くマイクロバスでは、いつも一番前の監督の隣に座らされていたんです。監督の席の横には弁当が積まれていて、バスががたんと揺れると弁当箱が入っているケースも揺れる。それを見て監督は俺の頭をごつんと叩く。神宮球場に着いたら試合で投げる。終わったら弁当箱の入ったケースを持って帰る」

寮では洗濯、上級生のスパイク磨きが待っていた。そして翌日、バスに乗って、球場に向かう。

グラウンドの中で大きな助けとなったのは、寮で同室だった一つ上の捕手だった。

「おしゃべりですごく頭の回転の速い人でした。配球はお任せ。その人が偉かったのはピッチャーのせいにしない。上級生なんですけれど、打たれても〝お前、どこ投げてんだ〟っていう風なことは言わない。打たれたときは、俺が悪いって」

七七年のドラフトで広島東洋カープから四位指名される達川光男である。

「一年生のときは大したことはなかった。田舎から出てきて、（一年生に与えられる）雑用で大変でしたし。それで二年生になって仕事が減って、自分の時間が出来るようになって伸びたんです」

二年生の秋季リーグ、東洋大学はリーグ初優勝を成し遂げる。雅之は八勝一敗という成績で〈最高殊勲選手〉〈最優秀投手〉〈ベストナイン〉の全部門に満票で選ばれた。

三年生の七七年七月、雅之は日米大学野球選手権の日本代表に選出されている。

このときのメンバー表には、同級生の投手に明治大学の鹿取義隆、捕手に専修大学の中尾孝義、内野手に駒澤大学の石毛宏典《ひろみち》、一年生の野手、東海大学の原辰徳の名前がある。

そして一学年上に法政大学の江川卓がいた。

五五年五月生まれの江川は規格外の投手だった。栃木県の作新学院時代、公式戦でノーヒットノーラン七回、完全試合二回。甲子園に出場したのは高校三年生の春と夏の二回のみ。それでも春の選抜では一試合二〇奪三振などを含め通算六〇奪三振という記録を残した。これは未だに破られていない。七三年のドラフト会議で阪急ブレーブスから一位指名を受けたが拒否、法政大学に進学していた。

法政大学は東京六大学リーグに所属するため、東都リーグの雅之との接点はなかった。怪物と称される男がどんな球を投げるのか、雅之は興味津々だった。

「マスコミには〝高めは江川のほうが速い〟が〝低めは松沼のほうが速い〟って書かれていたんです。そうかなと思っていたら、全然レベルが違う。もう躯が違う。お尻が大きい。普通の人じゃないお尻をしているんです。それで球も全く違う」

神宮球場で、雅之は江川と組んで遠投をすることになった。

「軽くピュっと投げると（神宮の外野の両翼）端から端まで、九〇メートルぐらい飛んで行くんです。ぼくも負けず嫌いだから普通の顔をして一生懸命投げているんですが、江川さんは軽く投げるだけ」

江川の球を捕る際、捕手がミットを上から押さえるように構えることに気がついた。球が浮き上がってくるような錯覚になるのだ。

投手は打者より高いマウンドの上に立っている。投手の手から放たれた球は捕手に向かって、緩やかに落ちていく。球が浮き上がることは、理論上はあり得ない。ただ、初速と終速の差が少なく最後まで球速が落ちないため、捕手の目には球が浮き上がるように感じるのだ。

江川は高校生のときはもっと速かった。大学生になって落ちたのだという話を聞いたことがあった。かつてはどれだけ速かったのだろうと目眩がしそうだった。

この時点でも雅之はプロ野球に進むことを考えなかったという。

「本当に思ったことがないんです」

詰まらない人間でしょ、と雅之は笑う。

「プロ野球を見たことがなかったんですよ。子どもの頃、親父はジャイアンツファンだったので、テレビ中継を観てましたけど、ぼくは漫画を観たかった。高校生のときは野球部の練習でプロ野球を観る時間に家に帰ってこない。大学の寮の部屋には小さいテレビはあったんです。でも、練習終わって、プロ野球中継の時間にはパチンコ行っているか、外で飲んでいるか。それで九時の門限に帰ってくる頃にはもう終わっている。小さいテレビでプロ野球を観たいとも思わなかったし」

卒業生にプロ野球選手がいれば、球場に招待されることもあるだろう。しかし、取手二高、東洋大学共に、雅之が所属した時期にプロ野球選手となっていた卒業生はいなかった。

「昔から好きなプロ野球選手もいないし、参考にした選手もいない。プロに入るなんて考えたことなかったんですよ」

四年生の秋季リーグで、東洋大学は二度目の優勝。大学四年間での通算勝利は歴代二位の三九勝、完封一五試合はこの時点での歴代最多記録である。

「卒業したら兄貴のいる東京ガスかなと。都市対抗野球を見に行って人工芝が凄く綺麗だなと思ったのを覚えてますね。兄貴の敷いたレールの上に乗っていこうとしていただけなんです」

二人で協力して、東京ガスを都市対抗野球で優勝させる。それが兄弟の新しい目標となった。

しかしその後、兄の博久は信頼を寄せていた東京ガスの江口昇監督が外れるという話を耳にする。話が違うじゃないかと博久は思わず舌打ちしたという。さらに、この年のドラフト会議直前、一人の投手を巡って、プロ野球界が大きく揺れることになった。

松沼兄弟はその渦に巻きこまれることになる。

一〇

はじまりは前年、七七年一一月のドラフト会議だった。

この年のドラフトの目玉は江川卓だった。江川の進路には、船田中という栃木県選出の国会議員が関わっていた。船田は、防衛庁長官、衆議院議長を務めた自由民主党の大物議員である。江川の出身高校、作新学院は船田の父、兵吾が設立した学校法人だった。

ドラフト前、江川は船田事務所で記者会見を行っている。船田は江川の後見人として「関東で生まれ育った人間は、関東の球団に入るのが一番幸せです。従って、江川君が好きな巨人に入るべく努力をしたい。巨人以外は行かないと表明します」と語った。

これは江川の指名を検討する他の球団への牽制だった。

このとき、プロ野球界は読売ジャイアンツを中心に回っていたと言える。ジャイアンツ戦のテレビ放映権がセリーグ球団の大きな収入だった。セリーグの球団は、ジャイアンツの意向を慮って指名することはないだろう。パリーグの球団も船田の「政治力」で抑え込めるという目論見だった。

この年は、まず予備抽選を行い、指名順を決めることになっていた。奇数順位は予備抽選の〈一番〉から指名。逆に偶数順位は〈一二番〉から指名する。そのため選手への重複指名は起きない。

予備抽選は前年のリーグ戦の成績の下位の球団から引く。最初に引いたのがパリーグ最下位のクラウンライターライオンズだった。このライオンズが〈一番〉を引いた。前年度セリーグ優勝のジャイアンツは〈二番〉くじだった。ライオンズが江川を指名しなければ、ジャイアンツの希望通りとなるはずだった。

ライオンズのオーナー、中村長芳は内閣総理大臣を務めた岸信介の秘書だった時期がある。岸と船田は日韓議員連盟設立に骨を折った仲間だった。岸の顔を立てるため、中村が江川を指名することはないだろうと船田側は考えていたという。

しかし――。

クラウンライターは江川を指名。江川は入団を拒否し、作新学院職員という身分でアメリカへ遊学することになった。社会人野球に進むと二年間はプロ野球入りすることが出来ないという規定があった。翌年のドラフト会議までの時間潰し、だった。

翌七八年一〇月、事態が少し動く――。

クラウンライターライオンズは他の球団と違った経営形態だった。福岡野球株式会社が運営し、保証金一億円、年間二億円のスポンサー料で「クラウンガスライター」という企業と契約を結んでいた。球団名をネーミングライツとして販売していたのだ。

このクラウンガスライターとの契約がこの年の一〇月末に終了。そこで福岡野球株式会社は堤義明の率いる西武グループへ球団を売却した。新球団名は『西武ライオンズ』となった。

西武グループは義明の父、堤康次郎が創業した企業集団で、西武鉄道、西武百貨店などを傘下に持つ。康次郎の死後、西武鉄道グループを義明が、西武百貨店を義明の兄、清二が引き継いだ。

義明は強烈な事業欲の持ち主だった。西武鉄道のホテル部門を独立させて設立したプリンスホテルグループは日本国内のみならず、世界中に進出することになる。

上昇志向の強い義明は球界の盟主を自認するジャイアンツに対抗心を抱いていた。ジャイアンツが執心する江川の獲得を望んだのは当然のことだったろう。江川の交渉権は球団を継承した西武ライオンズに移っていた。

江川と親しい関係にあった、スポーツライターの永谷脩《おさむ》の著書『西武と巨人のドラフト10年戦争』にこんな一節がある。

〈西武グループの長・堤義明の号令の下、攻勢の激しさは並大抵ではなかった。何としても接触の糸口を見つけ、天下獲りの材料にしたい。そんな部下の思いが痛々しいほど感じられた。それは若造の私の身辺調査や経済状況にまでおよび、ここまでするのかという勢いであった。不安定で落とし易いタイプと軽く見られていたかもしれない。

西武の関係者と接触すればするほど、江川を獲りたいという熱意が伝わってきた。「この人は江川と会えれば出世できるのかな」と思える善人も何人もいた。その時、江川はすでにアメリカへ野球留学をしており、彼を口説くため、西武は直接話をする段取りを模索していた〉

この本によると、大磯プリンスホテルの営繕の仕事をしていた江川の母方の叔父から「とにかく会うだけでもいいから」という悲痛な声で電話が入り、永谷は西武グループの〝上層部〟の人間と会食することになったという。

〈プリンスの1階奥にある中華料理店に案内されて、3人で食事をしながら、「どうしたら口説けるか」という話ばかりをした。

「（※筆者注　江川の）親父さんがすべての決定権を持っているのだから、僕に頼むより、親父さんに直接言ったらどうですか」

「あの頑固頭はダメだ。親戚筋の声も、ここに来て一切に排除するのだから困ったものだ。だから他人のあんたに頼んでいる」

親父が心を鬼にして親戚まで排除して息子を守るなら、自分も余計なことはできない。そう強く感じていた。

西武の権威に違和感を持っていた私は内心、「頼めば簡単に会えるなどと思うなよ」と思っていた。値踏みをされている雰囲気を肌で感じてもいた〉

食事代は西武の上層部の人間が払った。永谷はそれでは気分が悪いので銀座のクラブに誘っている。漫画家の水島新司やヤクルトオーナーの松園尚己なども集まる店であったと書かれている。永谷が贔屓にしていた銀座の「早苗」だと思われる。

〝上層部の人間〟は自分の差配できる経費でクラブの支払いを出来ないと思ったのか、それまでの高飛車な態度は消えた。この店の支払いは永谷が済ませている。

永谷は〈出入り業者には強く、肩書きを持たない人間を蔑む。会社内全体がそんな雰囲気だったのだろう。熱心さはクラウンとは比較にもならないが、立場の弱い者に対する態度がどうしても気になった〉と書いている。

永谷の直感は正しかった。西武グループの人間たちが、強く意識していたのは、江川を獲得することではなく、義明からどう思われるか、だったろう。

ノンフィクション作家の児玉博は『堤清二　罪と業』の中で、義明とその取り巻きの日常をこう描写している。

〈全国にあるプリンスホテルの支配人たちは、いつジェットヘリの爆音を轟かせて天から降ってくるかも知れない義明に、備えなければならなかった。プロペラの音が近づくにつれ、支配人の緊張感は高まり手には汗が滲んだ。彼らの日課の一つが、義明が前日に食べた献立を知ることだった。万が一、前日と同じメニューを出せば義明の側近から叱責の声が飛ぶ。前日と同じメニューを出しただけで閑職に追いやられた支配人の悲劇が、伝説となってホテルの幹部を金縛りにした。義明の到着が事前に分かっている場合、従業員は義明の到着に備え、迎えるための事前練習に励んだ。黒塗りの車がホテルの玄関前に着く。赤い絨毯を音もなく引き従業員が整列して迎える。プリンスホテルの従業員にとって、最上のもてなしを考えなければならないのは顧客ではな

く、義明に対してだった〉

その後、永谷の手引きで球団社長の宮内巌がロサンゼルスに滞在していた江川と会うことになった。その場で江川は西武グループの新球団に入る意思はないことを明言したという。

そして、ドラフト会議の前日、一一月二一日に江川は船田中事務所で記者会見を開き、ジャイアンツ入りを発表した。

野球協約一三八条に、前年のドラフト会議の交渉権は一一月二一日で喪失すると記されていた。そのため二一日の江川は一四一条の〈いずれの球団にも選択されなかった選手〉に該当し、自由に契約できるという強引な解釈だった。

「空白の一日」事件である——。

二一

二一日夕方、セリーグの鈴木竜二会長が記者会見を開いている。ジャイアンツと江川の契約は「野球協約上、該当しない契約」として却下、無効とした。ジャイアンツはこの決定を不服として翌日に行われるドラフト会議を欠席した。

ドラフト会議では、阪神タイガース、南海ホークス、近鉄バファローズ、ロッテオリオンズが江川を一位指名。タイガースが交渉権を獲得している。当初、江川側はタイガースとの接触を拒否。翌七九年一月、タイガースと江川が契約を結んだ上で、ジャイアンツの投手、小林繁とトレードという形で決着することになった。

この一連の江川騒動で憤ったのは義明である。江川の渡米中からジャイアンツ入団を見越して密かにテレビコマーシャルを製作していたという乳業メーカーの製品が西武グループ関係企業から消えた。さらに西武鉄道のキオスクから読売新聞とスポーツ報知が撤去されたという。

激情肌で粘着質な義明がジャイアンツに対して一矢報いようと考えたことは容易に想像できる。それが松沼兄弟の人生を左右することになる。

ドラフト会議の翌々日、『朝日新聞』にこんな記事が載っている。

〈ドラフト会議をボイコットした巨人は二十三日、後楽園球場でスカウト会議を開き、先のドラフト会議で指名を受けなかった選手たちの獲得に乗り出すことを決めた。巨人がリストアップしていた選手は、他球団にあらかた指名されたため、今後、交渉の対象とするのは、松沼（東洋大）鹿取（明治）河地（高松商）高松（能代商）らの投手になりそう〉（一九七八年一一月二四日付）

ジャイアンツが雅之を狙っていたのだ。

前掲の『西武と巨人のドラフト10年戦争』は永谷と坂井保之の共著である。坂井はクラウンライター球団代表、西武ライオンズ球団代表を務めた。

江川との交渉は西武グループの主導だったが、以降はクラウンライターライオンズから移ってきた坂井、そして監督の根本陸夫たちに強化は任されていた。ドラフト会議前、坂井は大阪のロイヤルホテルにスカウトたちを集めたという。

〈ひとしきり進んだところで、関東地区担当の毒島《ぶすじま》章一スカウトが手を挙げた。

「東洋大の松沼雅之投手ですが、4歳上の兄貴がいる東京ガス入りを表明しています。兄の博久も東京ガスに残留すると言っています。2人そろってというのが、すごく匂うのですが……」と言い出した。

同席の他のスカウト連中が、口々にこれに同調。〝囲い込み〟をやっているのが巨人だと断定するのに時間はかからなかった。

「よし、こうしよう、今から反撃しても間に合うかどうかわからんが、毒島君はこれから、松沼兄弟一本に絞ってくれ。根気よく接触して、酒ぐらい気楽に誘える仲になっていてほしい」と私は命令した〉

坂井によるとジャイアンツはドラフト会議の前から松沼兄弟に目を付けていたことになる。そして「空白の一日」が起き、前述のようにジャイアンツはドラフト会議を欠席した。江川のために他の選手獲得を放棄したジャイアンツに残されていたのは「ドラフト外」だけだった。

〈程なく毒島から、「巨人と松沼兄弟の件、かなり煮詰まったみたいです。手を打つなら今です。どうします？」と連絡が入った。すぐ根本に連絡して、西武鉄道本社の戸田博之常務と3人で協議した〉

戸田は義明の早稲田大学の後輩に当たる。西武グループは球団買収と並行し、社会人野球のプリンスホテル硬式野球部を立ち上げていた。このチームには雅之の同期である駒澤大学の石毛宏典、法政大学の居郷肇らの選手を集めていた。一連の指揮を執っていたのが戸田だった。戸田は後に西武ライオンズの球団社長となる。

〈毒島は早速松沼兄弟を、彼らと逢う時にいつも使っていた高田馬場の魚料理店に誘い出した。迎えたのは戸田と根本。およそ人たらしでは天下一品の技師どもだ。

私はこの席には出ていない。(中略)

12時過ぎだったか、やっと電話があった。

「すみました。OKです」

毒島のいつもと変わらぬ涼しい声だった。

契約金については、どうやら巨人は2人合わせて1億2千万を提示していたらしい。2人ともそれでOKの気分だったらしいが、戸田が、

「じゃあ、キリよく1・5にしよう」

と言うと、弟の雅之が兄の博久に「どうする?」と目顔で訊く。兄が「うーん」。弟が「いいじゃん、決めよう!」と、こんな雰囲気だったらしい〉

後日談として、坂井はこう書く。『週刊ベースボール』の〈巨人、ドラフト外で松沼兄弟を獲得〉という記事がこの日、印刷に回される予定だった。江川で受けた屈辱を松沼兄弟で返したと溜飲を下げた、と。

一二

この証言を雅之にぶつけると、やはりその質問が来たかといった顔で「全然違うんです」と大きく手を振った。

江川の「空白の一日」の報道は喫茶店で休んでいるとき、テレビの報道で知ったという。

「こんなこと出来るわけないだろうって思ったのを覚えてますよ」

このときは、この江川騒動が自分の進路に影響を及ぼすことになるとは夢にも思わなかった。すでに東京ガスへの就職を決めていた雅之に、まず接触してきたのは、プリンスホテル硬式野球部だった。

「同級生の石毛や中尾、堀場、全日本のメンバーがみんなプリンスホテルに行くっていうんですよ。プリンスも魅力があるなって、少し揺らいだんです。で、家に帰って親父に話をしたら、もう東京ガスに決まっているんだから、東京ガスにしろって言われたんです」

プリンスホテル硬式野球部は一一月二日に記者会見を開き石毛たちの入団発表を行っている。さらに一一月初旬から有望な大学生がプリンスホテル入りを表明するようになった。雅之がプリンスホテル関係者と会ったのはこの頃だと思われる。

「その後にドラフト会議があったんです。そして一二月の中旬に毒島さんと一対一で会いました。ぼくは三年生の秋に肩を壊してまだ治っていなかったんです。プロじゃ自信がありません、肩も痛いですしって、だからプロには行きたくないって拒否したんです」

雅之は、きっぱりと断るつもりで、自分は兄と一緒に東京ガスで野球をやりたいのだと言った。すると、毒島はこう返した。

「二人一緒だったら、来てくれるのか」

その言葉を聞いて雅之は、口を滑らせてしまったと後悔した。

「ぼく、プロに行きたくなかったんですよ。そのとき、ドラフト一位の契約金がだいたい三〇〇〇万円だったんです。ぼくは肩を壊しているから、(東京ガスを断ってプロ入りするのに)保証が欲しいじゃないですか。だから二人でこれぐらい出してくれたらって金額を言ったんです。絶対に出すはずがない数字です。断ってもらうためでした」

その金額は一億五〇〇〇万円だった。

一瞬、毒島はたじろいだ。そして少し考えてこう言った。

「西武(グループ)だったら出すかもしれない。この金額を出せば来てくれるのか」

今度は雅之が言葉に詰まることになった。

「出してくれるのならば考えます」

人を介してジャイアンツから会えないかという話を貰ったのはその後だった。

「こちらはぼくたち兄弟と親父。向こう側は長谷川（実雄）代表と長嶋（茂雄・監督）さん。兄貴と親父はジャイアンツファンなんです。兄貴は大学卒業したときもプロ入りしたかったんだろうし、社会人でも毎年プロに行きたいと考えていたはずなんです。でもぼくは興味がなかった」

長嶋は両手を広げると「ぼくの胸に飛び込んで来てくれ」と笑顔で言った。

「ぼくの記憶では長嶋さんは挨拶をすると、〝じゃあ〟って帰って行ったんです。代表が一人残って、契約金が幾らだとかいう話になった」

ジャイアンツが提示したのは、二人で八〇〇〇万円という数字だった。

「代表はこう言ったんです。〝ジャイアンツは人気球団だ、活躍したら凄いことになる〟って。だからぼくは訊いたんです。〝活躍しなかったら、どうなんですか〟と。すると〝活躍しなかったらしょうがないね〟って。そのとき、ぼくは行きたくない、みたいなことは口にした気がしますね」

横に座っていた父親と博久は憧れの長嶋と会い上の空だったという。

「だいたいぼく巨人嫌いですから。（江川に関する）ドラフトもインチキじゃないですか。インチキする球団は嫌い」

一方、兄の博久の記憶は少し異なる。博久は長嶋の言葉を嬉しくも思いながら、こうも感じたという。

「ちょっと派手すぎるかなと思った。それが引っかかるんですよ。だってぼくの中には派手さがない。自分には派手すぎるなというのがありました」

その後、二人は再び、ライオンズ側と会うことになった。

博久、雅之共に強く印象に残っているのは、根本陸夫の姿だ。

まずは博久の証言を聞こう。

「これから一年目の西武ライオンズを作ることになる。どうしても君たちの力が必要なんだ、手伝ってくれないかって。また、その表現がいいじゃないですか、渋くて」

根本の言葉を聞いて、ジャイアンツよりも自分に合っていると博久は思ったという。

雅之はこう振り返る。

「根本さんが、俺が監督だ。お前たちを使うからって。兄貴と二人でプリンスホテルで会ったんですが、その場所が間接照明でやや暗かった」

その影が根本の長い顔に凄みと説得力を与えた。そして、ライオンズは雅之の提示した契約金をのむという。

「自分は東京ガスに内定している。それが丸く収まるのならば行ってもいいですって」

二人は家に戻る前、自宅近くの喫茶店に入った。雅之は松戸あたりではなかったかと言う。

「（ビデオゲームの）ブロック崩しが流行っていてね。ゲームが好きだったんです。それで兄貴が勝ったらプロに入ろうっていう話になった。二人とも本当は気持ちは決まっていたんです。ただ、踏ん切りをつけるためにゲームをやることにした」

兄貴が勝ったはずですよと、雅之はかすかに笑った。

「ぼくは大学時代、兄貴の記録を追い越している。兄貴は本当に俺よりも凄いのかという気持ちがあったみたいです。じゃあ、東京ガスで一緒に競争しようじゃないか、みたいな。東京ガスは半官半民みたいな会社じゃないですか。親父は自営業だったから、潰れることのない会社に入れって言っていた。表向きは一緒に（東京ガスに入って）都市対抗に出ようという風にコメントしていました。ただ、本当はどこでも良かったんです。物心ついたときから一度も一緒にやったことがなかった。兄弟で比べっこをしたかっただけなんです」

一二月二七日、博久は東京ガスに辞表を提出、年が明けた一月一二日、ライオンズは二人の獲得を発表した。

一三

ライオンズでまず結果を残したのは、兄の博久である。

「ブルペンでピッチングしても、凄いなというピッチャーはいなかった。同期の（ドラフト二位の）柴田（保光）は速かったけど、凄いという感じじゃない。東尾（修）さんは貫禄はあるけど、ボールは遅い。コントロールは別格だったけどね。自分は二七（歳）になる年に入っているから、一年目から試合に出られないとこのまま終わってしまう。根本さんから手伝ってくれと言われたのもあるし、試合に出られるんだろうなと思っていた。三〇試合に投げさせてくれるならば一〇勝ぐらいはするでしょうって」

一年目、博久は一〇勝どころか、一六勝一〇敗を挙げている。チーム最多勝で新人王を獲得した。なんでそんなに勝ったのか分からないんだよね、と博久は冗談めかして言った。

「たぶん相手の（ローテーションの）谷間に投げていたからかな。（近鉄バファローズの）鈴木啓示さんとか（阪急ブレーブスの）山田（久志）さんとかと投げ合っていないんだもの。俺が投げたとき、打線が元気だった。逆に（同期でドラフト一位の）森繁和が投げたときは、打線が沈黙してエラーが出るパターン」

二年目は九勝一四敗と負けが先行した。一年目の疲労が知らず知らずのうちに躯に蓄積、相手から配球を研究されたからだと博久は振り返る。

「もう、球場に行くのが嫌だったもんね」

三年目は、五勝一三敗とさらに成績は落ち込んだ。チームの成績も、入団から三年間は最下位、四位、四位と振るわなかった。そして八一年シーズン終了後、根本が管理部長としてフロント入りし、広岡達朗が監督となった。

一九三二年生まれの広岡は早稲田大学時代から遊撃手として注目を集める選手だった。五四年に読売ジャイアンツに入団し、王貞治や長嶋茂雄と共に黄金時代の礎を築いた。現役引退後、ヤクルトスワローズの監督としてチームを優勝に導いていた。

「広岡さんになって合同自主トレの初日、肩が痛くて投げられませんって言いに行ったんです。そうしたら〝お兄ちゃんの投げ方は肩を痛めるから、変えなきゃ駄目だ〟って」

広岡はその冷静で知的な外見と裏腹な幼児性があり、選手の好き嫌いが激しい。そのため個性のある選手としばしば衝突してきた。

その一例が、八四年に日本ハムファイターズからライオンズに移籍してきた江夏豊との関係だ。広岡は選手の食生活にまで厳しく目を光らせ、肉料理を外し玄米食を強制していた。あるとき、江夏が監督は玄米食を食べているのになぜ痛風なのだと口にしたことがあった。その瞬間、周囲が固まったという。それ以降、広岡との関係は冷えたものになり、江夏は一軍で一度も登板することなく、ライオンズを去ることになった。

江夏とは反対に博久は広岡に目を掛けられた選手だった。

「広岡さん、野手出身なんですけれど、形態模写がすごく上手い。手首のスナップの使い方がすごく柔らかいんです」

広岡は「こう投げるんだ」と滑らかな下手投げをやって見せた。

「シューッと(滑らかに)ボールが行くんですよ。ぼくは力任せに投げるから、シューッといかない。立ち投げから姿勢を良くして、シュッと投げるというイメージだと言われました」

フォームだけでなく肩が痛くならないストレッチも教えた。現役引退後、広岡はアメリカに渡り、最新のトレーニング理論を学んでいた。

「キャンプが本格的に始まったら、毎日投げさせられるので指は豆だらけ。広岡さんはずっとブルペンにいて、ぼくのことを見ているんですよ。夜間練習になって、みんなバット振っている中、広岡さんはずっとぼくのところにいる」

なぜこんなに自分だけ熱心に教えてくれるのだろうと思った程だった。新人王を獲得した後、成績が低迷している博久を復活させることがチーム浮上の鍵だと広岡は考えていたのかもしれない。

「広岡さんから教わったフォームで投げると肩の痛みが出ない。力まなくてもシュッというボールが行く。これはなんとか物にしたいと思うじゃないですか。足、指に豆が出来ても、とにかくやれることはやろう。そのときはぼくも一生懸命やったんだね」

広岡監督となった八二年シーズン、ライオンズはパリーグ優勝、さらに日本シリーズも制覇した。博久は一〇勝九敗という成績を残している。奪三振一五二はリーグ一位。ここからライオンズの黄金期が始まることになる。

「最初は東尾さんというエースがどんと座っていた。その後、渡辺久信、工藤公康、郭泰源とか格好いいのが出てくるんですよ」

人気は全部そっちに持って行かれたと笑った。

博久は一九九〇年に引退するまで通算一一二勝九四敗という成績を残している。

ドラフト外で入った男が、生き残ったのはなぜですかと問うと「流れですよ」とはにかむ。

「根本さんからお前を使うと言われて入った。で、プロの壁にぶつかってもう駄目かなって思ったときに、広岡さんと出会った。広岡さんがぼくのフォームを変えてくれた。その出会いが大きかった」

現役引退後、博久は千葉ロッテマリーンズと古巣のライオンズで投手コーチを務めた。そこでドラフト上位で指名されながら、伸び悩んだ若手投手を数多く見てきたことだろう。彼らと自分の差は何だったと思いますかと聞き方を変えてみた。

「気持ちがないんだろうね。ぼくなんか万年気持ちが弱くて大変だったけど、マウンドに上がるとスイッチが入って前を向く。そういうことが出来ないと駄目なんでしょうね」

少し考えた後、こう付け加えた。

「ぼく、現役のとき、少しおかしかったぐらいでしたよ。(気が弱くて)人と口を利くのが嫌だったのに、いい立ち上がりが出来たら怖い物がなくなってしまう。集中するとお客さんの姿なんか見えなくなっちゃう。プロって負けず嫌いの集まりでしょ。普段はともかくマウンドの上に立ったら、勝負の世界に没入するぐらいじゃないと負けちゃうんだ」

プロ野球選手は少々、変わり者じゃないと出来ないですよ、と微笑んだ。

一四

一方、雅之の一年目は三九試合に登板、四勝五敗三セーブという成績だった。

「一年を通して投げているんですけれど、無理が出来なかった。一日投げると、次の日には肩の痛みが出て投げられなかったんですよ」

大学三年生の秋季リーグ、駒澤大学戦でのことだ。試合は九回で決まらず、延長戦に入っていた。一三回、バッターボックスに石毛宏典が入った。石毛を抑えるために力いっぱい右腕を振った——。

「そのときにブチっていう音がしたんです。その回は抑えたんですが、ベンチに帰って監督にもう投げられませんって言いました。そうしたら裏の攻撃でサヨナラ勝ちして、投げなくて済んだんです」

翌日の試合にも登板したが、満足行く球を投げることが出来なかった。

「みんなに言われるのは二年生のときが一番速かったと。三年生で壊れて、四年生になってある程度、技術でかわせるようになった。プロに入っても、春先、肩の筋肉が出来上がるまでは痛みが出る。この辺りが痛いって調べてもレントゲンに出ないので分からないんですよ。そもそも九回を投げる体力も能力もなかった。大学ってそんなに練習しないんです。そして打てるバッターと打てないバッターというのがはっきりしている。中心バッターだけ力を入れて、あとは遊んで投げている。だから体力ないんですよ。プロ野球の選手相手に一番から九番まで力を入れて投げたら、三イニングぐらいでへとへとになる。五回なんか持たない」

ライオンズが強くなる前に入ったのが良かったのだとも考えている。

「一年目は本当に練習が楽でした。自主トレは高輪プリンスホテルの駐車場でキャッチボール。その後、（静岡県の）下田プリンス（ホテル）に行ったけれど、グラウンドは中学校のグラウンドみたいな長方形の場所しかなかった。フロリダのキャンプの練習は午前中だけ。借りられるグラウンドがなかったんです。マイナーリーグと練習試合をすることもありましたけど、だいたい昼過ぎには終わってました。宿舎に帰って、（ビールの）バドワイザー飲んでました」

新球団になったばかりで練習場所の手配などの支援体制が整っていなかったのだ。

「そもそも一年目は投手コーチがいませんでしたから」

七九年のコーチングスタッフを見ると、投手コーチは浦田直治となっている。浦田は西鉄ライオンズの捕手だった男だ。引退後は根本の腹心の部下として主にスカウトを担当している。

「根本さんは休みの日に〝選手を探しに行け〟って言ってました」

現時点の戦力ではとても戦えない。土台作りの時期だと根本は割り切っていたのだ。浦田たちは、秋山幸二、伊東勤、工藤公康などの才能ある選手を探してくることになる。

前述のようにこのシーズン、ライオンズはパ・リーグ最下位で終わっている。

雅之は二年目の八〇年シーズンに一二勝七敗、翌八一年シーズンで一二勝八敗という好成績を残している。ライオンズの練習が厳しくなかったこともあり、ゆっくりと体力をつける時間があった。肩の痛みは自然治癒したという。

「二年目から少し厳しくなって、四年目に広岡さんになったんです。それから自主トレから厳しくなった。失礼な話ですが、根本さんは根本さんの良さはありましたけど、広岡さんになって、ようやく勝てる監督が来たって思いました」

そして八二年に優勝。雅之は一一勝八敗を挙げている。

翌八三年シーズンは一五勝八敗。ただし、同僚である東尾が一八勝を挙げていたため、最多勝のタイトルは逃した。

「あの年は東尾さんの上に行けるかなと思ったこともありましたね。でも負けたくないというのはなかった。ローテーションがしっかりしているので、自分が何番目に投げるかというだけ。工藤（公康）とかナベ（渡辺久信）ちゃんが入って来て、これは強いなっていうチームになった。夏ぐらいまでに五割の成績だったら、優勝できるなと思っていました。このまま普通に投げていれば、毎年二桁は勝てるだろうと」

しかし、この八三年シーズンを頂点に雅之の成績は急降下していくことになる。再び肩の痛みが出てきたのだ。

「あの頃、ぼくは（通算）一〇〇（勝）は行くなと思っていました。そうしたら壊れちゃった。これはもうしょうがない。みんなには大学時代に投げすぎたと言われたけど、そんなんじゃないですよ。壊れるときは壊れる。壊れない人は壊れない。いくらアイシングをしても壊れるときは壊れる。しなくても壊れない人は壊れない。それは分からないんですよ。だから自分に悔いはないですよ」

肩に続いては肘にも痛みが出た。

「負け試合しか自分の居場所がない。リリーフで出ても気持ちの入ったボールが投げられないから、案の定打たれるんですよ」

雅之は兄より一年早い、八九年に引退した。通算六九勝五一敗一二セーブという成績だった。

松沼 博久（まつぬま・ひろひさ）

1952年9月29日、東京都出身。取手二高、東洋大学卒業後に社会人野球の東京ガスへ入社。1978年都市対抗野球1回戦の丸善石油戦で17三振を奪って大会新記録を作る。同年オフに弟の雅之とともにドラフト外で西武ライオンズに入団する。アンダースローで1年目から先発ローテーションの一角として活躍、16勝10敗で新人王に輝く。82年には10勝をマークし、西武ライオンズ初優勝に貢献した。その後も83年～85年まで二桁勝利をあげ、常勝西武の礎を作り上げる。トレードマークの口髭をたくわえ、ファンからは「兄やん」と親しまれた。90年に現役引退。95年～99年まで千葉ロッテマリーンズ、02年～03年は西武ライオンズの投手コーチを務めた。現在は野球解説者として活動している。

松沼 雅之（まつぬま・まさゆき）

1956年7月24日、東京都出身。取手二高では74年夏の甲子園県大会決勝に進むも土浦日大に敗れた。東洋大学では1年目からエースとして活躍、76年秋季リーグで初優勝に導く。77年、78年と日米大学野球選手権大会の代表に2年連続で選出。78年の大会では日本の優勝の原動力となり、ドラフトの注目候補にあげられた。しかし、兄・博久を追って東京ガスへの入社を希望していたが、同年オフにドラフト外で西武ライオンズに入団。1年目から先発陣の一角を形成、4勝で終わるも2年目以降は5年連続で二桁勝利をマークし、82年、83年の日本一に貢献した。しかし、大学時代に痛めた肩や、さらに肘も壊した影響で成績が急降下。89年に現役引退。引退後は西武ライオンズのコーチなどを経て、現在は野球解説者を務める。

「もしジャイアンツに入っていたら、こんな成績も残せていない。兄貴は大丈夫だったかもしれませんけど、ぼくにジャイアンツは無理でした。広岡さんが来て強くなった後に（ライオンズへ）入っていても駄目だったでしょう。他にいい投手がいなかった西武に入った。それも運」

兄貴とキャッチボールをすると、今でも天才だと思うとぽつりと言った。博久の投げた球を受けると、グローブに入った瞬間、ぎゅっという強い力を感じるのだという。

「ボールに体重を上手く乗せているんです。兄貴は腰の力も強かった。相撲で負けたことがないっていうのが分かる。ぼくなんかすぐに負けちゃう。図体はでかいんですけれど、弱いんです」

しかし、その兄は東洋大学卒業のときにプロ野球球団から声が掛からなかった。大学卒業の時点で将来を嘱望されたのは雅之である。

「それは運なんですよ。兄貴は力があったけどプロ入りする運がなかった。いつも思うのは、高校でも大学でも同じ年か一つ上に江川さんのような人がいたら、ぼくはずっと補欠。バッティングピッチャーしか道がない。超名門校に行ったら試合に出られていない可能性があった。そこで埋もれちゃっているでしょう」

だからね、大切なのは運とタイミングなんですよと言った。そして思い出したように「ちょっとだけ実力かな」と悪戯っぽく笑った。

おわりに

マイケル・ルイス著の『マネーボール』にこんな一節がある。
〈投手は高性能スポーツカー、あるいは競馬用サラブレッドだ。要するに、生まれつきの才能がものをいう。役割としては作家に近い。ゼロから出発し、全体の流れを決めていく。望ましい結果を得るために、あらゆる工夫をこらす。当人の外見やテクニックではなく、最終的な結果の優劣で評価を受ける。球の速さがどのくらい重視されるかは、作家が難解な単語の使いこなしをどのぐらい重視されるかと同じだろう〉

さらに作家と同じように投手も将来性を見極めるのが難しいとも書いている。

同感だ。

ぼくは二十代、出版社で編集者として働いていた。その出版社が創設したノンフィクション賞に関わる末端の人間でもあったため、多くの書き手と付き合いがあった。すでに本を出していた人もいるし、孵化する前の状態の人もいた。みな熱意があり、ぼくの目には才能があるように思えた。

ぼくはその後、三一歳のとき出版社を辞めて書き手となり、その群れの中に入ることになった。当時のぼくはドラガイであったかはわからないが、みなから期待される〝ドラフト一位〟の書き手ではなかった。いい作品を書き上げるために、走り続けて二〇年が経とうとしている。そして、二十代に出会った人たちの中で作品を書き続けているのはごく一握りしかいないことに気がついた。

ぼくはこの本でプロ野球選手の日の当たらない時代を描きながら、才能とは何か、早い段階で才能は見抜けるのかと考え続けることになった。

一つの結論はこうだ。

明らかな突出した才能は見抜くことが出来るが、それが全てではない。そして才能以上に人との出会い、運、執念が人生を左右する。様々なところで張り巡らされた偶然が背中を強く推してくれることもある——ぼくたちの職業と同じである。

本書の版元である『カンゼン』の編集者のほとんどは新卒で大手、あるいは中小の出版社の試験に落ちた人間たちである。そんな出版界のドラガイの一人、担当編集者の滝川昂君が『ドライチ』に引き続き、ウェブサイトの『ベースボールチャンネル』での連載、単行本執筆に伴走してくれた。

泥にまみれながらも、頭を上げてらんらんと目を光らせている全てのドラガイたちの幸運を祈りながら、筆を置きたい。

二〇一八年九月　田崎健太

外

田崎健太　たざき・けんた

1968年3月13日、京都市生まれ。ノンフィクション作家。早稲田大学法学部卒業後、小学館に入社。『週刊ポスト』編集部などを経て、1999年末に退社。スポーツを中心に人物ノンフィクションを手掛け、各メディアで幅広く活躍する。著書に『W杯に群がる男たち—巨大サッカービジネスの闇—』（新潮文庫）、『偶然完全　勝新太郎伝』（講談社）、『維新漂流　中田宏は何を見たのか』（集英社インターナショナル）、『ザ・キングファーザー』（カンゼン）、『球童　伊良部秀輝伝』（講談社　ミズノスポーツライター賞優秀賞）、『真説・長州力　1951-2015』、『真説・佐山サトル　タイガーマスクと呼ばれた男』（集英社インターナショナル）『電通とFIFA　サッカーに群がる男たち』（光文社新書）

twitter:@tazakikenta

http://www.liberdade.com

装幀・本文デザイン　三村漢（niwanoniwa）
装画　藤原徹司（テッポー・デジャイン。）
DTP オペレーション　株式会社 ライブ
校正　株式会社 鴎来堂
編集協力　一木大治朗、長島砂織
写真　株式会社 時事通信社
編集　滝川昂（株式会社カンゼン）

ドラガイ

発行日　2018年10月29日　初版

著者　田崎 健太
発行人　坪井 義哉
発行所　株式会社カンゼン
〒101-0021
東京都千代田区外神田 2-7-1 開花ビル
TEL 03（5295）7723
FAX 03（5295）7725
http://www.kanzen.jp/
郵便為替 00150-7-130339
印刷・製本　株式会社シナノ

ISBN 978-4-86255-482-6
Printed in Japan
定価はカバーに表示してあります。

ご意見、ご感想に関しましては、kanso@kanzen.jp までEメールにてお寄せ下さい。
お待ちしております。